許峰源 著

被支持的力量

最堅實溫暖的人脈力

〈推薦序〉

宛如一座正向能量發電廠

春天診所董事長　何麗玲

我曾用「刺鳥」來比喻峰源，從小到大，他在每個階段，都是用盡生命的力量，唱出人生中的歌曲，所以才能曲曲動聽感人。峰源的前兩本書《年輕，不打安全牌》《心的強大，才是眞正的強大》讓他多了一個暢銷書作家的身分，這本新書《被支持的力量》仍然充滿著許多正向與感動的能量。我十分認同思維決定命運的觀點，因此峰源說想要將他經歷的思維，傳遞給年輕人，希望透過思維的啓發，能對他們產生正向積極的影響，最後形成一種接受、回饋、再接受、再回饋的善緣循環系統，建立一個緊密依存與支持關係。此宏願令我深深感動。

所以我想到一個新的比喻，峰源的書猶如正向能量的發電廠，是許多漂泊或迷惘靈魂的最佳補給。一本書猶如一座發電廠，《被支持的力量》就是峰源的第三座發電廠。在這個人際疏離、信任薄弱的時代，峰源溫暖而強大的正向能量，絕對可以幫助許多徬徨的年輕人找到方向。

雖然是在談人生哲學，但峰源的書好看易懂，每一篇都像是日常生活中的閒聊，不管是談他自己還是他的朋友，閱讀之際，都有著一份親近感，彷彿就發生在我們周遭。很難想像一個三十多歲的年輕人，居然能透澈這麼多人生道理，而且談起來是那麼誠摯動人。如果你聽過峰源在TED的演講，一定會記得他希望自己能有一段墓誌銘寫著：「許峰源一生的奮鬥及思維，正向影響了無數人，改變了無數人的命運。」我想說，擁有作家身分的峰源，其實早已達到了此一境界。

〈推薦序〉

這個年輕人不只是體面而已

知名作家　吳淡如

峰源是我台大法律系的學弟，他眞是一位「體面的年輕人」。雖然身爲律師，卻絲毫沒有「好辯」的尖銳性格，在他從容的談吐中，有著超齡的思維，他給人一種很眞實、很溫暖的信任感，我想這就是爲什麼很多前輩願意給他機會、栽培他、提拔他，給予他強大的支持力量。想和他一樣幸運，建議你看他的新書《被支持的力量》。

〈法羽幫分享〉

思維影響力

律師 黃靖芸

還記得大三那年，於台大校園內參與法羽老師（許峰源）的演講，演講主題是老師的第一本書《年輕，不打安全牌》，老師與我們分享了他奮發考取台大法律系及應屆考取律師的心路歷程。這是我與老師的第一次見面，當時的我，與法羽老師的連結點在於「我從小也夢想成為律師」。

法羽老師出身貧苦家庭，小學時期便在市場擺攤分擔家計，「孝順」與「強烈企圖心」，是我對老師的第一印象。當時，令我印象深刻的一句話是：「可以戰敗，但不可以畏懼」。直至今日，我仍一直銘記在心，每當遇到困境時，總能產生正面能量，正當面臨抉擇而躊躇不前時，必將鼓勵自己勇於嘗試，不因恐懼而退縮。

實在很幸運地，大學畢業一年即順利考取律師，身爲法羽幫內第一位考上律師的學姊，很榮幸回到法羽幫聚與學弟妹分享努力考取律師的歷程與心情轉折。正如同老師書中所提：「自由，不是只能做自己想做的事情，而是指我們能不做自己想做的事情，不讓自己給心控制、綁架，能夠抵抗欲望的誘惑，能夠爲著更崇高的目標，選擇忍受短暫的痛苦，才是眞正的自由，一種心靈的自由。」這一席話，正是我準備律師國家考試的日子中所得來的體悟，換句話說，當你能駕馭自己的心，才能獲得眞正的自由。

最後，在此致上感謝，在參與法羽幫聚的過程中，法羽老師如同我們所有幫員的心靈導師，重視「無形的思維教育」，使我們了解「人生是不斷認識自己的過程」，我們須透過每個人生階段的經驗不斷地認識自己、自我修正。然而，成長的代價雖痛苦，但往往能在痛苦過後，體會到不同的心境，重新找到更適合自己的位置。

〈法羽幫分享〉

感受到被支持的力量

TED x NCCU 策展人　郭子苓

高二下學期，我正準備進入大考模式。就是在那個人人自危的時期，我遇見了許峰源老師。他總是穿著一身簡潔的服裝，來到教室，用他的人生故事，為我們上每一堂公民課。而我總是坐在後段的最邊角，聽著老師鏗鏘有力的敘說他的經驗、見識和成長。

後來，我就進入了法羽幫——一個充滿無限可能，既自由又溫暖的地方。許多學長姊有著傑出的成就或是成熟的想法，不管在課業還是工作，甚至是感情上，都能給予支持鼓勵，更重要的是，當我請老師給予建議，他總是能一針見血、一語道破我們的癥結點，讓我們去面對，然後解決。

老師總是說：「你們如果需要任何幫忙，都可以跟老師說。」老師永遠爲他人著想，體貼我們的處境，同時告誡我們許多該注意的細節，最常舉的就是人際關係的實例。不僅如此，更提供我們實戰的經驗，讓我們練習畢業後可能面臨到的種種狀況。也因此，每一次的法羽幫聚會，都是我最期待的晚上。

短短四年，想也想不到，老師已經成爲各大網路和實體書店的暢銷作家。我永遠都不會知道從律師轉行當作家需要多大的勇氣，就像男人永遠都不會知道女人生產有多痛苦。但我知道老師從來都不吝嗇於分享他的方法，和他用心經營的事情。

老師總說：「所有的事情成敗都在一個字——人。」老師的所有成就，靠的都是人，而不是「物」。不得不承認，我們永遠跟人脫不了干係。現在講網絡、脈動，都是與人共舞的事情。到書店逛一圈就會發現，市面上千奇百種的經營技巧工具書等等，正著看倒著看都是一個字：人。

而今天，你會拿起這本書，可能是你還在爲人所困擾，或因人而迷惑。不過沒關係，只要閱讀完這本書，大可以丟了你先前學習到與人應對的技巧。人與人之間的關係經營其實沒那麼複雜，作用力卻比想像中更大。套句老師對我們說過的話：「簡單，不可思議。簡單到不可思議。」

打開這本書吧，你將會感受到什麼是被支持的力量！

自序

被支持的關鍵，生命富足的祕訣

當你在書店裡，從數萬本書中拿起了這本書，代表我們彼此間有著很難得的緣分。

無論你是否會買下這本書，基於這難得的緣分，我想與你分享、思考一個問題：

人脈的重要性每個人都知道，也盡力去認識朋友、交換名片、培養各種關係。但當你看著手機通訊錄或者社群軟體的「好友」們，請試著靜下心來誠實地問自己，除了你的家人以外，在這麼多的「好友」中，到底有幾個人會「打從心裡，真心、期盼、祝福你能獲得成功，希望你能過著幸福快樂的生活」？

只要你夠誠實，你會發現，在眾多所謂的「好友」中，對於哪些人會希望你獲得成功、希望你過著幸福快樂的生活，你並沒有很大的把握，通過反覆檢視及思考後，我相信通常不超過三個人！

或許，從另一個角度來描述這個問題，你會更有感受。

請你再一次看著那些「好友」們，誠實地問自己，這當中有哪幾個人是你「打從心裡，眞心、期盼、祝福他能獲得成功，希望他能過著幸福快樂的生活」？

依照我的經驗，通常也不會超過三個人！

讓我告訴你一個結論，第一個問題與第二個問題的答案，通常是相同的人！

當你在生命中獲得極大的喜悅、成就、傷痛、挫敗時，除了你的家人外，你會立即想跟這些人分享，你也只想跟這些人講出心裡眞實的感受，他們在你生命中有著難以言喻的重要「存在」，你們彼此有著很深的「依存關係」，無論發生任何事情，你都能感受到「被他們支持的力量」，而他們也能感受到「被你支持的力量」，這種感覺很深刻、很溫暖、超越利益、直達彼此的心，這才是「堅實溫暖」的人脈關係。

說來弔詭，我們每天花費大量的時間在「人脈關係」，到頭來，絕大部分都只是浪費時間，就像建立在沙灘上的碉堡，好看卻不堪一擊。我們一生的歲月極爲有限，何必將這麼珍貴的生命浪費在虛假的、脆弱的、忙碌的人脈關係上呢？

讓我們思考一下，在什麼情形下，別人會眞心希望你成功、希望你過著幸福快樂的生活？或者說，在什麼情形下，你會眞心希望別人成功、希望別人過著幸福快樂的生活？

只要是人，就無法獨立於人群生活。我們與他人之間有著微妙不可分割的「依存關係」，不可能周遭的人正承受著痛苦，而我們卻獨自感受到快樂。只有當我們眞心希望並幫助身邊的人都獲得幸福快樂，自己才能獲得長久穩固的幸福快樂。這無關話術、應酬、交際的技巧，而是很純粹的「仁慈」的思維，因爲「仁慈待人與仁慈待己，其實是同一件事情」。

這讓我對於易經中「積善之家，必有餘慶」這句話，有了更爲深刻的體悟。

曾經，我不太願意與人談論我的故事。這或許對於大家有正向啓發的意義，但對於我個人卻是再一次傷痛的回憶與傷疤的揭開。但我後來領悟到，「傷痛在哪裡，幫助別人的契機就在哪裡」。一個歷經無數傷痛的人，對於別人的苦難能夠感同身受，並發自內心眞誠希望他人能夠離苦得樂。當你從生命的傷痛中找到積極的意義時，這些傷痛就有了全新的定義，你會產生不可思議的勇氣及力量，去面對生命中的無常、苦厄，並能撫慰無數人、影響無數人、幫助無數人。

當我眞誠地透過文字及演講，將我的生命歷程與商場上的人生體悟分享給讀者後，我與愈來愈多人建立起「好的緣分」。我慢慢地突破浮面表淺的人際交往應酬，開始感受到每個人都想獲得幸福快樂的平凡人生。我們彼此並無不同，我開始幫助別人解決問題，並在幫助別人獲得幸福快樂的過程中，快速地提升自我能力，且感受到幸福快樂的反饋。

當我幫助的人愈多，我解決問題的能力就愈強；能幫助的人愈多，獲得幸福快樂的反饋就愈多。我內心對於希望別人獲得幸福快樂的盼望情緒因而更加強烈，這讓我感受到自己存在的歸屬感、價值感。

我在很年輕的時候，就已經察覺到「我們彼此間依存關係」的現象及「被支持的力量」的重要性，所以我努力培養專業能力去幫助許多人，與無數的人建立堅實而溫暖的互動關係。多年下來，無論我做任何事情、投資任何事業，都能感受到無數「被支持的力量」，當這些力量形成一個個具體的行動、幫助後，我獲得了無數的資源與機會。除了成就自己，也讓我擁有去幫助更多人的實力，就是這樣的善緣循環促使我達到目前的富足生活。

非常感謝你願意基於這難得的緣分，拿起這本書，讀完這篇序文。無論你是否買下這本書與我結下更深的緣分，我仍發自內心期望這樣的思維能夠對你有所啓發、影響，眞誠地希望我們彼此都能獲得幸福快樂，祝福彼此。

我只是一個很平凡的年輕人，我不斷努力精進自己，並隨順著生命中累積的善緣與指引，成爲我需要成爲的人，我是作家許峰源。

Part1

相信自己，努力到連自己都感動的狀態

Part2

眞摯，讓你直達人心

Part3

慈悲助人是我們的本性

PART 1

相信自己，
努力到連自己都感動的狀態

超越成功的成功

我從小出身社會底層，經過多年的努力及無數貴人的栽培與提拔，雖然還沒有達到富裕的階段，但已翻轉我貧窮的命運。

從小到大我眞的非常努力，但我知道，眞正改變及扭轉我命運的，是很多關鍵的「思維」。所以我一直深信**「思維，決定命運」**。

在我心裡，一直有個起心動念：想要將我從小經歷的「思維」傳遞給更多的年輕一輩，希望對他們的生命產生正向積極的影響及改變，甚至可以翻轉他們的命運。

所以很多年前，我將這個起心動念付諸行動，將與我有「緣分」的孩子們組織起來，成立了「法羽幫」。法羽幫每個月固定聚會一次，每次聚會由學長姊帶領學弟妹發表不限主題的演講分享，彼此進行深度討論，然後再由我總結「思維」。

經過多年的運作，法羽幫已經從原本的十位創始幫員擴張到六十幾位。一般而言，他們從高三或大一開始加入，到現在已經有多位學長姊出國留學、學成歸國、出社會就業、結婚。

很多人以為，要進入法羽幫必須要有很好的課業成績表現，其實不然。我們法羽幫挑選孩子的標準幾乎只有一個，就是孩子是否「孝順」以及面對事情的「態度」與「責任感」。

一個懂得孝順的孩子，態度就會好，做事就有責任感。而且「自古孝子門下出忠臣」，只要懂得孝順的孩子，自然就懂得感恩與忠誠，自然就會是個值得栽培的人才。

我不重視「有形的課業成績」，但非常在意「無形的思維價值觀」，因為這是決定一個人一生成就的最關鍵因素。

在我們幫裡，有個工作職稱叫做「書記」，這是一個自願義務職。除了要負責每個月幫聚場地的預定，整理相關幫聚文件資料，也要負責通知各個幫員每次幫聚的資訊。

◉做事的態度，決定未來的格局

我們的第一任書記是「小芬」。她的父親非常努力工作養家，但就在她七歲時，父親因糖尿病無法工作，家裡經濟重擔落到母親一人身上，全家大小只能仰賴母親在餐廳替人洗碗打工維生。小芬從小在貧困的家庭中成長，看見父母親爲了養活她而辛苦工作，所以從小學開始就很懂事。每天放學回到家，小芬一人扛起所有家事，包含照顧父親。到了高中，開始在每天放學後買便當回家給父親吃，然後出門到火鍋店去打工。大學時期更是不分平日、假日，全力打工賺錢。

甚至，因爲後來母親年紀大了，不堪餐廳洗碗工作的負擔在家休養，小芬毅然決然從日間部轉學到夜間部，只爲了白天可以工作賺錢，一肩扛起全家的家計。

在小芬的身上，我看不到絲毫貧困家庭孩子的自卑感，取而代之的是一種不畏生命挑戰的耐磨力、自信心。

我們的第二任書記是「小萱」。她的父母都是盲胞，當年她要入幫時，我非常驚訝父母能將她健康地扶養長大。與小萱深談後發現，雖然父母都是盲胞，但他們做任何事情都不假手他人，而且還能去參加盲胞棒球比賽、溯溪活動、高空彈跳！說實話，光聽到這些內容我腿都發軟了，何況她父母是盲胞！

因爲父母的「身教」，小萱學習到非常積極的價值觀，面對任何問題從不退縮，總是相信「天無絕人之路」，只要努力一定能解決！此外，從小照顧、協助父母的經驗，讓小萱對於弱勢族群有著高於常人的憐憫心，總是願意向需要幫助的人伸出援手。

小萱非常樂於參與各種志工活動，以及爭取弱勢族群的權益，在她身上，我看到了強大的愛心與同理心。

忠誠感恩，認識自己，腳踏實地，互助利他。這是我多年來在社會上生存的四大思維，更是我認為一個人做人處事最重要的思維，所以我將他們列為法羽幫的幫訓。小芬與小萱的生命故事及表現，充分展現了幫訓的精神，更是學弟妹的學習對象。而「榜樣學習」的身教，就是法羽幫一直以來的互動模式。

法羽幫裡的所有活動都是由幫員們自主、自願、義務去籌辦的。這是從一開始就建立的傳統。

每一個剛入幫裡的學弟妹，都能在學長姊的身教帶領下逐步體悟這四句話的深層意義，並在實踐的過程中感受到這四句話帶給他們的改變及力量。

◉彼此支持的方法

多年來，我不斷透過有形和無形的教導，協助孩子們建立「主動貢獻自己所能來幫助別人」的正向思維。

幫裡面的孩子不論遭遇任何問題，在我能力、時間允許的前提下，一定盡全力提供協助。當孩子接受幫助後，我會利用「機緣」讓他們盡己所能協助下一位有困難的幫員。當下一位幫員接受幫助後，我會再利用下一個「機緣」讓他們也可以回饋下下一位幫員。

經過多年來的「實驗」，在一次次任務達成後，法羽幫裡已形成「互助利他」的傳統。到目前爲止，當幫員遇到問題並向幫裡尋求援助時，幾乎都能在很短的時間內獲得其他人的幫忙與協助。

這一兩年，隨著幫員逐漸成長，態度、能力、經驗都有進步後，我開始讓他們解決我身邊老闆們遭遇的問題，透過這樣的方式，讓他們有「社會實戰」的歷練，也透過這樣的「善緣」讓他們可以獲得「被關注的機會」。

第一任的書記「小芬」，就因爲這樣被一家大型保險經紀人公司董事長「關注」，延攬到旗下。

身爲老師的我唯一能夠給他們的，就是「提供他們幫助別人的機會，培養他們貢獻自己、幫助別人的習慣」。

一個曾經接受幫忙的人，會更願意貢獻自己所能來幫助別人。不斷啓動這種接受、回饋、再接受、再回饋的善緣循環系統，就能建立一個彼此緊密的依存與支持關係。

法羽幫的孩子來自各種不同背景，有的來自極爲貧困的家庭，有的來自極爲富裕的家庭，雖然出身背景迴異，這些孩子都有某些共通的人格特質。透過幫內各種活動的互動及潛移默化的過程，深植於心的幫訓四大精神，更使他們建立了強大正向的價值觀與思維。

看著法羽幫孩子們在各領域裡努力的痕跡，我感到很欣慰、驕傲，這種成就感遠勝於我個人的成功。

◉真正的強者超越了成功

在二〇一四年年底，法羽幫的靖芸學姊正式考取了「律師執照」，她是法羽幫裡的第一個律師。讓我很開心的是，學弟妹多了一個學習的身教榜樣，而「許峰源律師」終於親手帶出第一個「律師學生」。我深信，法羽幫的幫訓一定能夠爲她的律師執業生涯帶來正向的影響，幫助更多的人。

每一個母親都眞心希望自己的孩子比她強大，可以過得比自己幸福。我創立法羽幫，也是期盼每一個孩子都能比我強大，都能因爲我教導他們的「思維」，在實踐的體悟後，可以獲得成功並且過得幸福快樂。

我期盼他們能夠懂得：「一個人的成功，不代表要犧牲別人的利益。幫助別人，也不代表要犧牲自己的利益。我們的成功可以建立在幫助別人成功的基礎上。」

一個眞正的強者，不會自私累積財富，不會吝於幫助別人，他能夠看透事物的表象，能夠洞悉人我分際的幻相藩籬，能夠深切明白我們彼此間的依存關係。愈是幫助別人，我們獲得愈多。愈是貢獻自己，給予別人「支持的力量」，我們愈能獲得強大的「被支持的力量」，這是非常開闊的胸懷與格局。

一個最成功的人，不是獨善其身，而是能夠專注培養幫助別人成功的能力，讓所有接近他的人都獲得成功。當他能讓所有身邊的人都成功，他就不再需要講述自己的成功，因爲他的成就早已不是「成功」兩字可以形容，這是種「超越成功的成功」。

人因負責而偉大

幾年前，我的事務所在網上應徵工讀生。在數百張履歷中，有一個成長經歷很特別的女孩子吸引了我的目光。

正當我仔細看時，突然收到一封學姊寄來的郵件。任職於跨國律師事務所的學姊跟我說，因爲她的事務所只應徵正職，不收工讀，所以剛拒絕了一個女孩子的申請，但她覺得這女孩子很棒，所以親自寫了一封信來推薦她。

我很好奇，是什麼樣的人才會讓忙碌且位高的合夥律師主動寫信推薦？

我看了一下履歷，天底下竟然有這麼巧的事，這兩份履歷是同一個人，一個名叫「小芬」的女孩子（沒錯，就是前文提及後來加入法羽幫的第一任書記）！

因爲父親身體不好，加上母親在餐廳工作的時間很長，小芬從小學開始就一人操持所有的家事。除了煮飯、洗衣服、打掃，有時還得請假帶父親到醫院回診。

小芬也曾抱怨，自己爲何不能像其他同學一樣，下課後到處玩耍或者到才藝班學習各種才藝，只能忙著照顧父親、處理家務。雖然偶爾會出現這樣的負面念頭，但只要一回到家，看到生病的父親、一大堆家事要做，還有肚子餓了也沒人煮飯，凡事只得靠自己，只能咬著牙，趕緊把家事做一做，然後煮飯給父親和自己。一忙起來，也就沒時間抱怨了。

升高中時，小芬考上一所台北公立高中，而父親的身體狀況卻愈來愈不好，母親也因爲上了年紀，家裡的經濟狀況更糟了。小芬決定利用每天晚上下課後，到家裡附近的涮涮鍋店打工，十一點多回到家，趕緊把所有家事做完，再利用極有限的時間念書。到了假日，小芬則會到大賣場當生鮮食品叫賣工讀生以貼補家用。因爲她非常賣力，所以一個假日就能掙到幾千元。多頭馬車的小芬就這樣辛苦、忙碌的度過了高中三年。

雖然小芬能夠念書的時間極少，但她挺有念書的天分，在這麼忙碌、極少念書時間的情形下，她仍然考上國立大學國際貿易系！可惜家裡的經濟環境依舊沒有改善，所以小芬無法像其他大學生一樣，只能每天下課後趕著一個又一個的打工。

可能是老天認爲給小芬的磨練還不夠！在小芬大一下學期時，她父親的病況更加惡劣，必須要截肢，母親也因爲長期蹲坐洗碗，職業病也成爲不可擺脫的負擔，工作時間必須大幅縮短，家裡的經濟更差了。

小芬雖然很喜歡國貿系，抱有出國念書的夢想，但眼前，她只得面對生活的現實。如果媽媽沒辦法工作，全家大小僅僅仰賴政府低收入戶的補助，這怎麼可能生活得下去？

小芬毅然決然做了一個驚人的決定！

她決定退學，然後去考某國立大學法律系夜間部！

這樣，她白天就能夠去應徵工作，晚上去上學，然後再回家照顧父母親。

她永遠記得，當她收到退學通知書時，眼淚不聽話地一直掉下來。但她沒有被打敗，她知道，她必須堅強。因爲這個家必須靠她，她知道，這是她身爲子女的責任，是做人最基本的道理。

◉超乎期待的工作表現

就這樣，她寄出了這份「法務工讀生」的履歷。我收到了，我的心被她孝順、艱辛的成長歷程深深打動，這孩子是個戰士，是個在命運磨難中，挺直了腰桿活著的戰士！

毫無疑問，她得到了這份工作機會，應該說，是我們事務所的榮幸。

當小芬來到我們事務所上班時，正好碰上我內心想要從律師轉型爲作家的尷尬摸索過程。記得，那段時間我內心不自覺地很挑案件，這個也不想接、那個也不想接，一個星期進不了辦公室幾趟。

小芬雖然是個新人，沒有法律實務經驗，但卻幾乎可以一人扛起全事務所的行政工作、會計，甚至清潔！

原本，我並不敢期盼一個大二的孩子可以完成這麼多事，但沒想到，當我試著放手讓小芬去做時，小芬眞的一件件做到了，而且做得非常好。你把事情交辦給她後，就可以安心。因爲，她一定能做得妥妥當當，「使命必達」！這就是「態度」「責任感」！

讓我印象最深刻的是，當我決定將事務所搬到另一個地點時，連我自己都頭疼不已。可想而知，對於一整間公司要搬家，可是一件大工程。

小芬看出我的煩惱，她說：「許律師，您專心去寫作、演講，搬家的事情您不用擔心，我會處理好的。」就這麼簡單幾句話，這大二的孩子扛下了這件天大的苦差事！

經過三個星期後，小芬打電話通知我：「許律師，跟您報告，我已經完成搬家工程，包含水電、網路、銀行等相關程序都已經辦理完成，您可以直接到另一個辦公室上班。對了，不用帶任何東西過去，我已經將您原辦公室的擺設原封不動地搬到新辦公室了。」

我聽到後傻了幾秒，這是一個大二孩子辦得到的事情？

我半信半疑地踏進新辦公室，哇！果然跟小芬說的一樣，眞的是「無縫接軌」啊！真的是「一模一樣」！甚至舊辦公室相關物品，如果新辦公室暫時用不到的，她就拍照，編號存冊收藏起來，以防未來要用的時候找不到。

人才啊，真的是人才啊！

誰說現在的年輕人不可靠、辦不了事，我眼前就是一個強大的正面例證！

是人才，總會被發掘的，想藏也是藏不住的！

無數老闆教導過我，用人的兩大守則：第一，忠誠。第二，忠誠！

但如何判斷一個人是否忠誠？絕大多數老闆心中的判斷標準，就是看這個年輕人是否孝順。

「自古孝子門下出忠臣」。**一個懂得孝順父母的人，通常是懂得感恩的人，懂得感恩的人通常就一定是忠誠的人。**

小芬從小如此懂事、孝順，當然是每個老闆心目中的「人才」，加上她強烈的責任感，能力又強，自然更是難得一遇的「大才」！

順帶一提，小芬現在已經大學畢業，不止如此，還是全系第一名畢業的喔！

多年來，她一直是我們法羽幫的大學姊，更是所有學弟妹的榜樣！

我相信，小芬的前途大有發展，不出幾年，她一定可以靠自己的雙手，拚出一條自己的路！讓家裡擺脫貧窮的命運，讓父母親過上好日子。

◉夢想之前，先談責任

我不常跟孩子們談「夢想」，我認爲夢想是在「生活無虞」的前提下討論的，當你連生活都過不下去，下一頓飯在哪都不知道時，沒有時間談夢想，有的只剩下責任。

所以，我喜歡跟孩子們談「責任」。一個人願意、勇敢承擔對於父母、家庭、子女的責任，並盡全力履行完成，就是一個成功的人！

或許，有人可以因為夢想而成功，但我也認為，一個人可以因為「責任」而偉大！

也許過程中犧牲了許多自己內心的夢想，但也因爲孝順，老天一定會在冥冥之中給他力量，爲他開拓一條人生的道路。我，就是一個例證！

小芬從小做家事、照顧生病的父母親，她也想跟其他孩子一樣有著快樂的童年，但命運讓她無從選擇，這沒有所謂喜歡不喜歡，她只認爲這是她爲人子女應該做的，這個責任無須逃避也無從逃避，只能咬牙勇於承擔。

這讓小芬擁有迥異於同年齡孩子的勇氣，去面對許多困難，她永遠能夠要求自己做「應該做的事」，而不是「喜歡做的事」，這是很成熟的人格展現。

經過多年的艱苦磨練，小芬確實成爲現在社會不可多得的「大才」，加上貴人的提拔，讓她擁有「翻身」「脫貧」的契機。而「責任」正是小芬從小奮鬥、成長最強大的「核心驅動力量」！

當一個人可以承擔責任，為別人犧牲，抑制自己的欲望，戰勝自己時，才是真正的堅強，這就是老子《道德經》所說的「自勝者強」！

自由，是一種不被欲望控制的能力

在這個學歷急速貶值的時代，法羽幫的孩子們時常跟我討論學歷的重要與否，甚至會開始質疑「讀書考試」的能力與將來事業發展的關聯。

這讓我想起以前在補習班教書時，有些孩子否定了「讀書考試」的能力，認爲在考試中拿到高分只是書呆子，考上台大的學歷也沒什麼了不起。

我常反問孩子：「你眞的認爲讀書考試一無是處？或者這是你逃避讀書考試的一種藉口呢？」

一個人很會考試，考上好大學，雖然將來出社會後不必然會成功，但不可否認的，社會上大多數成功的人，特別是中產階級，他們當學生時都擁有很不錯的「讀書考試」能力。

其實，「讀書考試」背後隱藏著一個人能否成功的關鍵人格特質。

我常問孩子，你們是否眞心喜歡現在讀的國文、英文、數學、物理、化學、歷史、地理、公民等科目？我相信，極少孩子眞的喜歡這些科目。之所以拚命讀，只是爲了應付學測及指考考試。甚至有些孩子說，等考完大考後，第一件事就是把討厭的教科書打包丟掉！

這樣的想法是正常的。我自己當年也不喜歡這些科目，尤其是數學，想到就頭疼。

但爲了學測考試，爲了我追求台大的強大目標，我得強迫自己接受、面對、處理這些我一點都不喜歡的科目。

我相信很多孩子都喜歡自由，喜歡做自己想做的事情，不想忍受、強迫自己。但所謂「自由」，眞的可以每天只做自己想做的事情嗎？在我看來，這不是眞正的自由，是「假自由」。

自由，不是指能做自己想做的事情，而是指我們能不做自己想做的事情，不讓自己被心給控制、綁架，能夠抵抗欲望的誘惑，能夠為著更崇高的目標，

選擇忍受短暫的痛苦，這才是真正的自由，一種心靈的自由。

大家只看見運動員在球場上亮麗的表現，有著無數球迷的崇拜，但你有想過，想要成爲一位頂尖運動員需要付出什麼樣的代價嗎？

棒球巨星鈴木一朗說過，在立志成爲職業棒球運動員後，從小他必須犧牲一切玩樂，傾全力專注在棒球上。在數十年的球員生涯，他必須忍受無止盡的基本動作訓練，數百萬次枯燥的揮棒、傳球，極爲痛苦的體能訓練，在大賽中承受難以言喻的驚人壓力，甚至承受運動傷害的痛楚、復健、再復出的過程，這一切的一切，都只是爲了追求偉大棒球選手的目標。

所以，鈴木一朗說過，他一生中最快樂的時光都是棒球帶給他的，但他一生中最痛苦的一切也是棒球帶給他的。

◉自律，讓你從業餘變專業

追求自由，只做自己想做的、喜歡做的、舒服的事情，是一種「傾向性」的欲望。就像一顆大石頭總是順著下坡滾落，當不斷滾落加速後，它就失控了，如同我們失控的人生。

順著我們的本能、欲望的傾向性過日子，不是眞正的自由，嚴格講，只是欲望與衝動的奴隸罷了。一個眞正的強者，是能夠將順著下坡滾落的大石頭撐住，並由下坡往上推的態度！

能在學生階段，強迫自己接受這些枯燥乏味的教科書，爲著自己將來的前途忍受眼前的痛苦、犧牲放肆玩樂的時間，這便是一種難得的「自律」能力，更是一個人能否成功的關鍵人格特質。

極少數人天生擁有這種「自律」的能力。畢竟我們要面對的並非我們眞心喜歡的，我相信很少人喜歡國英數或者體能訓練，包含我自己也是。

但我認爲，「自律」是一種可以訓練的能力。

勉強成習慣，習慣成自然。

許多人學習佛教，會從打坐與念經開始。

其實，無論打坐或念經，本身都不會讓你頓悟、成佛。然而這兩者卻是極爲重要的基本功。他們最關鍵的目的之一，便是讓你學著「靜下心來」，讓你學習「專注」的能力。

讀書也是一樣，剛開始坐下來，一定心浮氣躁，很容易被周遭事物影響，但經過一次次強迫自己「坐著」「讀書」，時間一長，便會讓自己的心逐漸靜下來，專注於眼前的內容。更進階時，甚至能忘卻周遭的一切及時間的進行，達到「忘我」的境界。

我記得，鈴木一朗講過「隧道理論」。

他說，當他在場上打擊時，他只專注在投手一個人身上，觀察他每一個出手的細節。至於場上其他選手、數以萬計的觀眾，他全部忽略不見。他與投手之間，彷彿就像隧道兩端的對決。這便是專注力量的展現。

當你能夠培養自律、專注的能力，將是非常正向的力量！尤其在這令人總是分心的時代，將更顯珍貴與強大。

我常問孩子，在讀書考試方面，你是「專業的」還是「業餘的」？

當下的你，若是「學生」，那就是你的職業，但你敬業嗎？稱得上是一個「專業級」選手嗎？

專業選手與業餘選手的區別，在於對勝利的渴望程度，還有爲了勝利願意犧牲多少、忍受多少的自律態度！

業餘選手對於勝利總抱著可有可無的心態，但專業選手卻認爲勝利就是他的全部！這些微的差異，正是決定最後勝負的關鍵！

當你立志成爲大聯盟棒球選手或者是ＮＢＡ職籃選手，你敢想像自己偶爾念個書就能得到球賽的勝利嗎？你應該恐懼自己每天的「訓練量」是否足夠？每天無時無刻的心思，都應該想著如何突破現有的技術瓶頸，想要與更強大的對手切磋，連做夢都渴望著「冠軍戒指」。

這就是我當年立志考上第一志願的心境。

我當年願意犧牲玩樂、忍受枯燥的教科書、不厭其煩海量做題目，最後考上了心目中的第一志願。

這歷程給我最大的收穫，就是鍛鍊我對目標的強大渴望，讓我能夠忽視誘惑、忍受枯燥、承受痛苦壓力，讓我不被「假自由」給綁架，讓我擁有「眞自由」，追逐人生更重要的目標，讓我無論做任何事情，都是一個「專業級」

選手。

你希望自己是「專業的」還是「業餘的」選手呢？

專注當下，力量強大

很多法羽幫的高三孩子們問我：「老師，考好學測到底有什麼意義？考上大學，畢業後也只有二十三K啊！」

每當孩子們對我提出這個問題，我總會跟他們分享以下這個故事。

小時我當羽球選手時，必須不斷參加各種比賽，長期的訓練、比賽後，心理出現了疲憊，不想再參加比賽，不想再辛苦地接受訓練。

在某一場大賽前，我忍不住問教練：「參加這場比賽，贏得冠軍，到底有什麼意義？縱使是全國冠軍，也只有兩萬五千元的獎金，也沒什麼了不起啊！我們爲什麼要這麼拚命練習？」

我永遠記得周西智教練很嚴肅地回答我：「沒有爲什麼！因爲你是選

手，只要你報名參賽，你就得用盡全力、專注當下完成這場比賽，去思考其他任何事情都沒意義，只會讓你分心！一旦你分心，你註定輸掉這場比賽！」

這樣專注當下的思維，對我一生有著很深遠的正向影響。

我們的一生，本有著各個不同的階段，每個階段都有必須面對、挑戰、戰勝的任務。

在高中階段我們主要的核心任務之一，便是戰勝學測及指考考試，尤其是對於高三的孩子，它的重要性幾乎是唯一且不可撼動的。

沒錯，現在這個時代經濟環境很不好，學歷高速貶值，考試這條路確實值得被挑戰、被懷疑。但，不應該是由身爲高三學生的你來質疑。

當你國中畢業、選擇「普通高中」這條路，代表你已經準備好接受三年訓練後，參加這場大賽。當你已經高三，代表你已經正式報名參賽，是個正式參賽選手。你沒有任何資格退縮，更沒有任何本錢分心，否則你註定輸掉這場比賽！

通常孩子們提出這類質疑，多半是九月開學後第一次模擬考被挫敗了。人在遭遇挫敗後，總想找個藉口，讓自己失敗的情緒有出口。他以爲，質疑整場戰役的意義，可以讓失敗變成不是失敗，可以讓逃避變成不是逃避，這種錯覺只會讓我們失去鬥志、失去補救逆轉的機會。

當孩子開始跟其他同學一起質疑大考的意義時，當大家浪費時間、精力聚在一起「取暖」時，我也看見某些孩子依然專注在課業上，緊緊把握一分一秒。我知道，勝負已經決定，就在細微地分心與專注的思維差異上。

◉真不在乎，還是怕輸？

一個真正的強者，永遠會清楚知道當下什麼事情是最重要的，並且只專注於達成最重要的任務、解決最重要的問題。

到底考好學測有用嗎？到底學歷有用嗎？不可否認，這些問題很重要，但對於一個高三的學生，一個已經報名參賽的選手，贏得比賽勝利才是「當下」最關鍵、最重要的事。思考任何其他問題，都是浪費時間。「分心」只會讓你迷失，讓你懷疑自己，最終一無所成。一切的一切，都等考完學測後再說，別急，七月到隔年一月只有半年，而且高三時間過得非常快，等考完後，你會有很長的時間可以慢慢思考。

「生命只存在於當下此刻。你若放棄當下，就無法深刻活出日常生活的每個瞬間。」

——一行禪師

你是否曾陷入懊悔過往錯誤的困境？你是否曾將時間、精力耗費在擔憂未來？你是否曾將心力耗費在無法控制的事情上？你是否曾發現自己總是忙著下一個人生目標，而不是專注於「當下」這一個？

執著過往的錯誤或擔憂未來的恐懼，都是正常的人性，但耗費在憂慮過去或未來的每一秒，都會使我們從「當下」最重要的事情上分散注意力。

沒有任何力量可以阻擋時間流逝，但是我們有機會可以更有意義地利用時間，當然也可以只是荒廢時間，這都取決於你自己。

當有孩子質疑考試的意義時，甚至會跟我提到某些很厲害的企業家，比如比爾蓋茲、賈伯斯等，都是肄業，沒有大學學歷。通常，我不會花太多時間與孩子爭辯，但我會試著反問他們：「第一，你真的覺得自己會是賈伯斯嗎？第二，你真的帶種直接放棄學測考試，用高中學歷出社會工作嗎？」

往更深層次講，除了孩子的「逃避」心態外，更有著「怕輸」的心理恐懼支配著他們。當他們在這場學測戰役中失敗，似乎就是全盤否定他們多年來努力的一切。因此，逃避與怕輸在他們心裡起了化學反應，支持著他們提出各種似是而非的理論。

說實話，你一定知道自己的問題出在哪，你只是怕輸、只是選擇逃避，這也就是你目前最大的困境與瓶頸！

◉以專注戰勝焦慮

我告訴法羽幫的孩子們，我自己當年面對大考時，心裡也很恐慌，也曾有過想要逃避的念頭。但當我愈是逃避，愈是不去念書，心裡愈是焦慮。畢竟我知道，無論如何是逃避不了的，面對也不一定痛苦，該念的書一直都在，該面對的大考壓力也一直都在。

你可以問問自己，如果什麼書都不念了，明天的各種考試都不管了，甚至決定從今晚開始到學測前都不再準備了，你真的睡得著嗎？真的睡得好嗎？我相信，隨著距離學測愈來愈近，你的失眠與焦慮將會愈來愈嚴重。

後來我發現，我的恐懼與擔憂，只有在專注念書時會消失殆盡。所以當我愈恐懼，我就念愈多的書；當我愈擔憂，我就寫愈多的題目。當你能專注於解決當下的問題，你將意外發現，原來全神貫注後的自己可以感受到那令人驚奇的心靈平靜，你的質疑與擔憂都將消失，對於每一天都能感受到幸福，最後，你將擊敗學測，在人生關鍵時刻再一次戰勝自己的心。

困境不會在你質疑後獲得解決，瓶頸不會在你逃避後獲得突破，而焦慮總在你選擇逃避後開始被無限放大，最後占據你全部的心靈。專注於當下最重要的事情並全心投入，才是消除焦慮、突破瓶頸、戰勝困境的唯一方法。

念正，心安，專注當下。一次專心做好一件事，就能感受到心的平靜與強大。

藉口，最後說服的只有自己

廖育成，是一位我在台中教補習班認識的朋友。他在我教書的那棟大樓擔任保全人員，因爲當時我每個星期必須到台中教兩次課，一次次打照面、閒聊，就慢慢熟識了。

他大我十幾歲，很晚才結婚生子，小孩一個五歲，一個兩歲。他從小家境不富裕，高職畢業當完兵後就出社會工作。早期在貿易公司當業務，但因爲不善表達、應酬，並沒有賺到什麼錢，後來經過朋友介紹來當大樓保全。

大樓保全的工作不用與人應酬，特別是守大夜班，更有自己獨處、念書的時間，他挺適應這工作，所以一做也就快十年。雖然家庭開支壓力頗大，但生活至少還勉強過得去。

育成以前念書時，對會計一直很感興趣，只是後來沒有機會再深造。有一天，他跟我說，他想要去考會計師！

當我聽到時，直覺他是在開玩笑。一個中年大樓保全員，哪有時間、心力準備這麼難的考試，更別妄想考上了。所以這件事我就沒放在心上。

過了兩年多，有一天我去台中上課時，育成神神祕祕地拿了一張成績單給我看。我赫然發現，他眞的考上了！

太令人驚訝了！這簡直是傳奇啊！

我問他怎麼辦到的，他說，他盡量跟公司爭取大夜班，然後趁著半夜沒人時拚了命地苦讀，再加上自己的興趣、天賦，沒想到眞的考上了！

我大大地恭喜他，他們家的經濟終於可以獲得改善，眞的可以翻轉貧窮的命運了。

說實話，如果我是他，一邊要賺錢養家，一邊只能利用半夜工作之餘念書，這樣要考上會計師，我根本辦不到，所以我打從心裡佩服他。從此，我在補習班總是用他的例子來鼓勵無數帶職參加考試的學生們，「你們沒有理由說自己沒時間念書所以考不上，看看人家樓下那位保全廖大哥，就是一位超棒的模範！」從此，每天都有無數的學生在上樓前對著育成大哥報以崇拜、羨慕的眼神，他儼然成爲眾多考生心中的偶像。

不要輕易將不可能掛在嘴上，不要將沒時間當作理由，這世上總有極少數的例外，也就只有這些極少數例外的人可以成功。因為他們始終相信，自己就是那極少數能成功的例外。

後來，我因爲事業繁忙就沒再到台中教課了。過了幾年，有一回我到台中演講，在火車站懷念起以前補習班的同事們，決定買幾杯飲料去探望。當我走進那棟熟悉的大樓，看到訪客登記櫃檯後一個熟悉的面孔，只是看起來似乎更「蒼老」些。不可能吧，一定是我看錯了，育成大哥已經考上會計師，現在應該早就在執業了。

當我仔細看，確定是育成大哥，我喊了一聲，他抬起頭認出我來，閃躲的眼神更加讓我一頭霧水。

◉為何不敢，徒留遺憾？

「育成大哥，你怎麼還在做保全？不是考上會計師了嗎？」

「我……」育成大哥似乎欲言又止，表情充滿尷尬。沉默一段時間後他說：「根據規定，我必須要實習兩年才能登記執業，而我快五十歲才考上，去了幾家會計師事務所面試，都不願意給我實習的機會……」

「那你可以多試幾家啊？三家不行，五家。五家不行，就十家啊。」

「我想過，如果去實習，薪水只有三萬左右。我現在保全的工作一個月可以有六萬多，家裡經濟壓力大，我沒辦法接受較低的薪水。」

「這只是實習的兩年啊，未來正式執業後就能賺回來。縱使沒錢也可以去借啊，縱使信用貸款也值得啊。」

「可是，萬一賺不回來呢？何況，我縱使正式執業，我的年紀大，會計師事務所也不會聘我當受僱會計師，自己出來開業又沒有人脈又不會講話，根本不會有案源。」

聽到育成大哥的回答後，我知道沒有再往下談的必要了。因爲，我知道他自己已經用無數的藉口徹底說服自己了……

所有的藉口，都不是用來說服別人，而是用來欺騙自己的！

在我看來，藉口是一種病症，一般人多多少少有一些輕微的症狀，而染有嚴重病症的人，無一例外都是失敗者。一個愈是成功的人，與那些沒有什麼作爲的人之間最大的差異，就在於「藉口」。

一旦一個失敗者找出一種「好」的藉口，他就會抓住不放，然後總是拿這個藉口對自己和別人解釋：爲什麼他不敢做選擇，爲什麼他無法再做下去，爲什麼他無法成功。起初，他還能自知他的藉口多少是在撒謊，但是在不斷重複後，他就會愈來愈相信那全是眞的，相信那個藉口就是他無法成功的眞正原因。他找到失敗心靈的依靠，結果他的大腦就開始怠惰、僵化，讓努力要贏的動力化爲零。縱使，他們從不願意承認自己是個愛找藉口的人。

過沒多久後，我從補習班同事那聽到，育成大哥因爲年紀太大、身體也不好，最後被保全公司資遣了。

育成大哥孩子還小，又沒積蓄，這接下來的生活該怎麼辦才好？一想到這裡，我心裡不免有些許的感傷。

原本可以創造專屬於自己的歷史，可以激勵無數人的傳奇故事，卻因爲「選擇」而使當初一切努力白費了。人生因此而大不同，只剩下遺憾。

◉人生不該停留在不該駐足的地方

人的一生，是由一個個連續的階段構成的。或許，某個階段會滿足你的生活所需，讓你過著安逸、舒適的生活。但要進入下個階段時，你往往必須冒險放棄手上擁有的一切，踏上那未知的旅程。許多人這時就會猶豫，不敢做出「選擇」。

可是，如果用宏觀的人生格局思考，就能看透許多階段的本質。就像大樓保全員的職業發展，年輕挺拔時，可以西裝筆挺擔任豪宅保全；年紀大些時，換當一般社區保全；年紀再更大些，就只能擔任舊公寓大樓的保全；再來，就是被資遣了……

既然已經洞悉發展歷程，縱使你現在擁有較高的薪水待遇，這都只是一時的，是用年輕生命去換取的，絕不長久。當你有一絲絲機會可以跳離這個階段，就應該緊緊抓牢，用力一躍，跳出不一樣的人生。

當你停留在不該駐足的人生階段，你自己內心深處一定有所覺知。明明可以做得更好、接受更大的挑戰，但卻只是在說服自己接受一個看似滿意的階段。你會因爲心靈被禁錮而痛苦，會因爲虛擲青春而悔恨，甚至會因爲有志難伸的抑鬱而影響身體健康。

許多成功書籍教導大家要不斷不斷的努力就會成功。

但我認爲，一個人眞的想要成功，只有努力是不夠的，他必須具備在最關鍵時刻做出「選擇」，並有勇氣與意志力「把選擇做到正確爲止」。

人一輩子最大的失敗，就是「不會選擇、不斷選擇、不堅持選擇」。永遠在期盼、尋找那傳說中所謂「正確的選擇」，仿佛要命運爲他的成功做出絕對安全的保證，這是在搞笑嗎？

人的心一鬆懈，就會心生迷惑，那該死的鬥志只能掛在嘴上。

很多時候，我們明知道逃避是不對的，但一想到面對的恐懼、痛苦，你還是找了個似是而非的「藉口」躲了過去，放任情況愈來愈糟，一再錯過挽救的時機，最後導致問題全面失控。

「藉口」這東西，一開始是用來跟別人解釋、說服別人，當你一直講一直講，時間一久，你卻真的說服了自己！最後，你除了得到一個看似安慰的藉口外，什麼都沒得到。

當你回顧自己的一生，你將驚訝地發現，原來「藉口」具有如此強大的自我說服力，將你的夢想、目標、鬥志、毅力全部擊潰！

相信自己，努力到連自己都感動的狀態

很多法羽幫的孩子超喜歡參加勵志講座，網路上更是充滿無數激勵人心的故事、演講，有些連我自己也非常喜歡。

在一次的幫聚分享，孩子們問我爲何每次聽完後心裡總是充滿勇敢向前的力量？在演講中，講者們總是不斷提醒我們：「一定要相信自己！」彷彿只要「相信自己」，這世上就沒有什麼事情辦不到，沒有什麼難關過不了。但是，爲何聽過演講故事的無數人中，只有極少數的人可以眞的成功；而無數人依舊平凡，依舊庸庸碌碌過著每一天？

「這是爲什麼呢？」孩子們對此充滿疑惑。我相信這也是無數人心中存在很久的疑惑。

前陣子，我認識一位虔誠的基督徒沛文。她是一位認眞生活、虔誠篤信的教徒。結婚後，經過好幾年的努力，終於懷孕了！

但就在懷孕三個月左右的一次產檢中，醫生告訴他們夫妻，肚子裡的孩子在篩檢後，有七十五分之一的機率可能罹患一種罕見疾病。這種罕見疾病有八〇%的機率會造成死胎，縱使出生後也有九〇%活不超過一歲。因此，醫生強烈建議他們將孩子拿掉。

沛文夫婦非常難過，也相當猶豫是否要將孩子生下來。但因爲夫婦兩人都是極爲虔誠的基督徒，教義裡是不可以墮胎的，他們幾十年來遵照主耶穌基督的教誨過生活，無私奉獻幫助過許多需要幫助的人。他們眞心相信，「主」會有「最好的安排」，他們接受一切可能發生的情形，縱使這孩子只能來到世上極短暫的時光，他們也會給予他最溫暖、最大的愛。他們眞心相信「一切都將有最好的安排」。

最後，他們決定勇敢留下孩子。

經過漫長、煎熬、恐懼的幾個月，孩子出生了。是個健康、活潑的胖娃兒！

「主」眞的給了他們「最好的安排」。

這個故事給我很大的啓發與省思。我在想，如果我是他們，我會有勇氣將孩子生下來嗎？我能眞心相信「一切都將有最好的安排」嗎？我相信，你跟我一樣會有極大的懷疑、恐懼，極少數的人可以像沛文夫婦那樣，擁有這麼大的愛與勇氣，這一切都來自於「相信的力量」，一種虔誠信仰帶來的力量！這樣的例證，我在許多宗教裡都曾見過。

◉真心相信，連老天都會幫你一把！

極少人擁有這樣的力量，因爲他們幾乎沒有眞心「相信」過，包含「相信自己」！縱使有很多成功人士分享，總是提醒大家，一定要「相信自己」。

但，說實話，你眞的「相信自己」嗎？

一個人要能眞正相信自己，不是靠每天幻想、催眠、激勵自己，而是必須奠基於每一天、每小時、每分鐘自己扎實的努力，才能產生「相信的力量」，這是一種對自己穩固強大的「信心」。

記得當年我在準備律師考試時，因爲父親生病的關係，如果要讓他親眼見到我考取律師證照，我只有一次考試的機會。要在一年之內將所有律師考試的科目教科書、法院實務見解、法條等全部念完、背下來，幾乎是不可能的任務，所以大家才會說「應屆」考取律師非常非常困難。

但我沒有選擇，只能日以繼夜用盡全力瘋狂念書。記得我每天六點起床念書，八點出門到台大法學院圖書館，準時九點開門進去讀書，一直到晚上十點關門後，回家繼續念到凌晨一點。

經過一整年的準備，我眞的把所有該讀的內容全部「吃」進腦袋裡，腦子容量有一種難以言喻的「超載感」「爆炸感」，這眞的已經耗盡我所有意志力。但說句內心話，當我要踏入考場的那一瞬間，心裡一點把握都沒有！

因爲律師考試跟一般考試不同，當年的律師考試沒有選擇題，是全申論題，要從早寫到晚，足足寫滿三天！你還記得從小寫的任何一篇「作文」考卷，交出去前自己有把握拿到高分嗎？律師考試從某種角度來說，就是「作文」比賽。在交卷前，誰也沒把握教授是否會「青睞」我們的答題內容、法學文字、論述角度等。所以那種不確定感、不踏實感是所有考生都有的。

可是，當時我告訴自己，經過一整年的拚命，我眞的已經用盡所有的能量來準備，我對得起自己的每一天、每小時、每分鐘，我不敢絲毫鬆懈，更不敢抱持任何僥倖，我眞的眞的很努力！

我相信，當我努力到連自己都感動時，老天會在關鍵時刻幫我一把。

所以最後我帶著平靜、穩定的力量進入考場，我相信自己一定能考上！因爲我發自內心深處「相信自己」！

我九十四年六月大學畢業，八月參加律師考試，眞的，老天在十一月放榜時幫了我關鍵的一把，我考上了！我完成了應屆考取律師證照的艱難目標！

「相信自己」這句話要能真正產生驚人力量，必須要靠自己努力到極致狀態後才能擁有。

沒有人不想成功，但許多人總是「想著要成功」，卻始終無法付出實踐或者無法堅持下去。這種連自己都無法被說服的努力程度，如何「相信自己」？如何產生力量？這是無論聽過多少場激勵演講都無法改變的事實。

令人難以相信的是，在我看來，**很多人不是因為能力不足而無法成功，實際上是自己決定不要成功！**

◉想改變，卻老是走原路？

當你思考想要成功這件事，代表現在的你仍未達到成功階段，如果你要改變現狀朝更好的方向前進，毫無疑問，你必須改變現在的生活習慣。然而，當我們談到改變這件事時，大家嘴上都大聲喊著：「我要成功，我願意改變！」但往往都是「昨夜想著千條路、萬條路，隔天早上起床後走原路」。

改變，代表你必須犧牲目前所擁有的「享樂」，要戒掉晚睡晚起、每天一直滑手機、聊天打屁、狂歡跑趴等習慣。這是痛苦的，也是艱難的。所以，雖然每個人都想成功，也都知道成功需要付出努力的代價，但人性卻又往往不想付出實際的努力。最後只能找些藉口、理由，說服自己接受目前的狀態，縱使希望改變現狀，但還是覺得維持生活原狀比較沒有壓力。

真的，道理你都懂，但缺乏的是改變、實踐、堅持的勇氣！

法羽幫的孩子們曾經問過我，什麼是「努力」的定義？他們都覺得自己已經很努力了，爲何還沒有成功？

我曾經爲了檢視自己的努力程度，做過一個練習。我將自己每一天的時間精準切割爲每三十分鐘一個單位，一天四十八個單位，一週三百三十六個單位，然後將自己每三十分鐘所做的事情嚴謹的記錄下來，從中去檢討、省思自己是否眞的夠努力？是否浪費時間去做不該做的事情？是否還可以擠出更多的念書時間？

剛開始記錄時，就有驚人的發現。原來每天我浪費了如此多的時間在滑手機、聊天、上網、看電視、發呆等，原來我還有這麼多的努力空間，原來我還可以更強大！

不要輕易對自己的努力程度感到滿意，只要你還有一絲時間、體力、意志力，都不應該輕易放過。「努力」這檔事沒有停下來的一天！我們能做的，就是持續不斷努力下去，縱使贏得一場勝利，睡個覺醒來後，我們仍然要將自己歸零，往下一個目標邁進。努力是沒有極限的！

這也是所有偉大運動員的思維，縱使他們已經努力到贏得世界球王的寶座，隔天依舊持續努力，甚至加重訓練的分量，繼續往下一個冠軍、榮耀邁進！

努力，沒有極限。你必須看得起每一天努力的自己。

◎別問為什麼，要問自己憑什麼！

往更深談，有些人一輩子從來沒有用盡全力努力過！他們不是能力不好，不是不願意努力，但卻不敢付出一切、用盡全力去努力拚搏一件事情。

許多人不敢用盡全力努力，其實是因爲「怕輸」！

他們害怕用盡全力努力後還是失敗，害怕會看見最眞實的自己，見證到失敗的自己。只要不夠努力，仿佛可以說服自己不是失敗者，只是目前還有很多「原因」阻撓，所以「暫時」還沒有成功而已。

這種心態是無數失敗者不願意承認的思維，也是眞正阻撓你成功的原因。

每一個成功的人幾乎都是「相信自己」的人，他們相信靠著自己努力的程度，有資格相信自己會成功，一點都不僥倖、心虛，是實實在在的成功。

成功沒有捷徑，不是每天睡覺就會成功，也不是聽了一場又一場激勵演講短暫充電後就會成功。

成功，只有極少數的人可以辦到。絕對比你想像的難上許多，只有付出令人敬佩的努力的人才值得擁有。不要輕易「相信自己會成功」，你要很嚴肅的問自己，憑你的努力程度夠資格讓你自己相信嗎？你眞的相信自己會成功嗎？不要問別人爲什麼？而要問自己憑什麼！

也許，很多人不希望像那些成功的人一樣過得那麼「辛苦」。這是很大的誤解，其實，一般人過著庸庸碌碌的生活才是最辛苦的！

下次有機會，請你仔細觀察，那些成功者的眼神與一般人有著很大的差異，他們的眼神總是透露著對於目標明確地追求、散發著強大的精神力量。這是因爲他們每一天醒來，都極爲清楚自己要做什麼、該做什麼，有個極爲明確的努力目標。專注在每天、每小時、每分每秒的努力，將帶給他們內心平靜，他們不「辛苦」，而是充滿「幸福」。只要你願意，「相信自己」，你一定也能獲得！

知道自己每天醒來要做什麼，可以用盡全力把事情努力做好。一天天的累積，看見自己一點一滴的改變，這樣的專注將帶給你平靜與幸福。

大商無算

在我們法羽幫裡，有位叫雅琪的女孩子。她原就讀清水高中，是我在補習班教書時的學生。當時我發現她是一位很認眞努力的孩子，所以就給予她更多的關懷與照顧。經過一年多的努力，她考上政大風險管理系，交出亮麗的考試成績。

她在大一的時候正式加入法羽幫，並開始跟隨學長姊辦活動學習，在幫裡的表現也非常好。

有一天，她傳訊息跟我說：「老師，我希望邀請您來我們學校演講，好嗎？」

「如果你希望老師幫你到學校演講，沒問題啊。」

「老師，您有聽過TED嗎？」

「TED？」我心裡一驚，因爲我知道TED是世界知名頂尖的演講舞台。

「是的，今年TED與我們政大合作舉辦，我是內部工作人員，我覺得老師的故事很打動人心，我希望推薦老師進遴選委員會接受評選。」

我心裡知道這個演講不容易，只有十八分鐘，非常具有挑戰性。雖然內心有些猶豫，但我希望我的思維可以傳達給更多人知道，影響及幫助更多人，所以我願意接受挑戰，加上相挺自己法羽幫的孩子，我接受了這場演講邀約。

◎回歸初衷，真心分享

要在十八分鐘裡完整表達一場演講，有很高的難度。爲了這場演講，我花費了無數的時間準備，光是爲了克服十八分鐘的限制，我實戰計時演練就超過一百五十次，最後練到在十八分鐘內所講的每句話、每個字都不是臨場講出，而是全數記憶在我腦海裡，不容些許差錯。

演講那天，我非常早就到現場勘察場地及相關設備，從講台各個角度測試，感受現場音效來決定我的音量。但讓我傻眼的是，我發現現場十八分鐘的計時器是從十八分鐘倒數歸零，跟我平時演練的從零開始計時到十八分鐘不同，整個是倒過來的。這嚴重影響我講稿的「時間節點」，例如一分鐘要講到哪個故事，三分鐘要講到哪個事件，八分鐘要提到哪個場景等。

好在，第一，我有極爲充足的準備，讓我閉上眼不看計時器也能講。第二，我非常早到會場，所以有足夠的時間應變。

縱使我身經百戰，但一想到TED演講會被全程錄影上網，並讓全世界都看見時，正式上場前內心仍然難掩不安與緊張。

這時，我告訴自己，我來接受這場演講不是爲了要讓大家崇拜我或覺得我很厲害，而是我有很好的思維想跟大家分享，希望大家可以因此過得更幸福快樂。當我重新檢視自己最原始的演講動機後，焦慮與不安消除了，我的心平靜下來。這是我在每一場大型演講前固定的「儀式」，始終給我很大的幫助。

我深吸一口氣，上台，演講。結束後，獲得滿堂喝采！我結束時間是十七分五十六秒！

隨時檢視你的動機。正確的動機，可以消除你的焦慮、不安、恐懼，讓你獲得平靜的心。你的表現將不被外在因素干擾，你的表現將更為精準、強大。

◉成功無法事先規畫

當我演講結束後，有位前輩趨前與我握手，讓我受寵若驚，他是商業周刊創辦人金惟純先生！我們彼此交換名片，後來，我將我的第一本書《年輕，不打安全牌》寄給他指正。

幾個月後的某天早上，朋友打電話給我，要我趕快去買當期的商業周刊，我糊裡糊塗搞不清狀況。當我趕緊到樓下超商買了一本商業周刊後，傻了！金惟純先生竟然在他創辦人的專欄裡寫了我的故事。

事後，我親自向金先生表達感激之情，並鼓起勇氣請他爲我第二本書《心的強大，才是眞正的強大》撰寫推薦序，沒想到他一口就答應。

因爲TED的演講加上金惟純先生推薦序的加持，我的第二本書《心的強大，才是眞正的強大》出版後很順利獲得很好的迴響。遠見雜誌注意到我，推薦我擔任安麗全國經銷商大會的講師。這是一場超過六千人次的超大型全國巡迴演講，對我又是更大一次的挑戰。

我又花了很長時間準備，一次次的自我演練，無數次的模擬計時。

當我完成這次全國巡迴演講後，靠著安麗直銷超強大的支持，《心的強大，才是眞正的強大》首刷瞬間銷售一空，在短短幾個月內就突破一萬本大關！

更讓我驚奇的是，遠見雜誌集團告訴我，主辦單位很滿意這次的合作，主動將講師費加碼五〇%！

此外，遠見雜誌集團還幫我將兩本著作與遠見雜誌設計合訂專案，讓我的兩本書可以在遠見雜誌內頁曝光！

這一切一切，眞的非常感謝大家給我的「機會」。

無數年輕人在剛出社會或剛進入某個職業領域時，總是花了很多時間在規畫如何成功。我們都聽過無數的成功人士分享他們成功的過程與經歷，但那些故事其實都是「倒敘法」！仿佛他們當初做了一件又一件「對」的決定，然後一步步邁向最後成功的目標，跟看電影一樣「順利」。

實際眞相是，沒有人在最初努力階段能夠洞察自己能否成功？何時會成功？更沒人有把握給你一條按部就班的成功公式。因爲，成功是無法「事先」規畫的！

在這「一個按鍵」就能解決許多事情的時代裡，大家都在尋找那傳說中的「成功一鍵完成鈕」。可惜的是，它根本不存在！

在我個人深刻的經驗裡，我體悟到，不要急著尋找傳說中「成功的公式」，往往你只能在實際行動中逐漸摸索出「成功的方法」。

◉充分準備，專注表現

有時在實際行動的過程中，你會發現你所定義的「成功」跟最初想像的不同，就像最早我認爲的「成功」，是成爲一位頂尖的訴訟律師，到後來才發現我內心深處想成爲一位作家！只要你持續努力，你內心深處定義的「成功」會愈來愈清晰，你離「成功」也就愈來愈近。

就舉我自己的例子。在最初我邀請雅琪加入法羽幫並用心栽培她時，根本不可能預測幾年後會因爲她讓我站上TED演講舞台，更因此讓金惟純先生、遠見雜誌集團、安麗直銷集團等關注到我。這一切都是無法「事先」預測、規畫的。

在我認爲，「專注做好一件事」是最重要的。不要小看眼前任何一個看似不起眼的機會，不要放棄任何一個可以幫助別人、廣結善緣的機會。往往，就是這種「無心」及「專注」，讓你的努力被看見。我始終堅信一個信念：「當我愈努力，我就愈好運。」

就像我聽過無數歌手出道的經驗，都是在某一次的演唱裡，被台下的經紀人無意間聽到而簽約。當你在台上唱歌時，無法預期下面數百、數千名聽眾裡有什麼人？你唯一能做的，就是在上台前充分準備，上台後專注表現，其他一切就是「隨緣」。

「隨緣」不是消極的想法，而是非常積極的強大思維！

◉隨緣的智慧

我記得，當我立志成爲一位作家時，曾花了很多時間尋找「如何成爲暢銷書作家」的公式。我翻遍市面上所有暢銷書，希望自己也可以寫出一本「暢銷書」。後來發現，我根本寫不出跟他們一樣的內容，我沒有優美、詼諧、意境悠遠的文筆。

最後，我放棄模仿別人。我決定放手，用我最質樸、眞誠的文字，「我筆寫我心」，寫出我內心眞正想講的、想跟讀者們分享的思維。我誠摯期盼我的文字可以帶給讀者好的啓發及影響。

結果，身爲菜鳥作家的我，獲得了讓我難以想像的熱烈迴響。在「毫無預期準備下」，我成了「暢銷書作家」！最近，出版社也正式通知我，大陸簡體版即將發行的好消息！

放下重擔吧！時時刻刻精進自己，專注做好眼前的每件事，把握每個看似不起眼的機會，重視與每一個人極小的善緣。這才是你唯一能做、該做的事情，這就是「隨緣」的智慧！

這種感覺就好像你深夜在一條很長很長的道路上開車。雖然你心裡想著遠方的目的地，但你現在能做的，就是專注車前燈照到的道路，並好好把車開好。隨著一段一段接續不停地向前，最終到達目的地。

很多人每天不斷想著如何成功，想著讓自己每一分的努力與時間都不浪費，務必獲得最高效率的回報，以最快速度成功，但這樣的人眞的能夠得到他所想要的一切嗎？不累嗎？

當你將每一次的投入都抱持高度成功期待時，你的格局永遠大不了，跟雞腸差不多大。

雖然，我也沒有把握自己每一次的努力都能獲得回報，但我心中有著一個始終支撐著我的信念：**「積善之家，必有餘慶。」**我相信，只要持續做善事，很多好的緣分自然就會到來。或許對一般人來說很抽象，但在我身上卻是一個個不斷具體實現的例證。

◉共好的完美境界

老子《道德經》說：「大象無形，大愛無言，大道無名，大商無算。」最大的形象是沒有形體的，就像宇宙一樣；最大的愛是說不出口的，就像父母對子女的愛；最大的道理是難以言喻的；最大的商人是沒有算計的。

大商不是不會算，只是小商人小算盤，大商人大算盤。小商人只替自己算，而大商人卻是替整個社會算。他相信只要做對社會有益的事情，一定能賺到錢！

當時我幫安麗直銷集團與遠見雜誌集團合辦演講後，主辦單位製作一張很精美的書籤給參加的夥伴，我在書籤上寫下這段話：「『積善之家，必有餘慶』是我的信仰，我深信，持續點滴做對社會有益的事情，一定能賺到錢，當我幫助的人愈多，賺到的錢就愈多，『心』也因為善行獲得平靜而強大。只有『心的強大，才是真正的強大』，這就是『大商無算』的境界。」與你共勉。

PART 2

真摯，讓你直達人心

打破自我財富想像的限制

有一次我在誠品逛書店時，遇到三個年輕人，他們向我表明是我的讀者。

他們有個讀書會，每月指定一本書閱讀、分享，希望我可以推薦他們一本書。

聽到讀書會，我好奇了起來。

我問：「你們組讀書會的目的是……」

他們回答說：「希望透過讀書會，讓大家可以在這高度競爭的環境中，賺更多錢，過更好的生活。」

「那你們讀書會的成員是?組成時間多久了?」

「我們是大學同學，大約十個人。從大學畢業到現在，快三年了。」

「那你們有變有錢嗎?」

「嗯……沒有，還是二十幾K，但我們學到很多。」

「學到很多？」我笑了。

「我可以大膽預告你們這個讀書會再開三年，你們還是不會有錢的……」

「爲什麼呢？」他們三人都露出極爲驚訝的表情。

◎金錢，只是一種思維

很多新聞報導了阿里巴巴創辦人馬雲談到的一句話：「三十五歲你還窮，活該你窮！」馬雲提到的觀點是你的野心不夠，所以你窮。

我認爲「野心」是一種「思維」，思維決定命運，當然，也就決定你是富有還是貧窮。

眞正富有的人，不只是擁有很多金錢。更重要的是，他們擁有一個「有錢」的腦袋和思維。他們知道如何利用多年累積的商業知識、經驗，加上別人的時間、別人的金錢等「槓桿」建立企業、進行投資，創造令人稱羨的財富。

我在《心的強大，才是眞正的強大》這本書裡，曾經提到一點點「自我想像的限制」的概念，這裡，我準備和大家深入談一下這個觀念。因爲這對年輕人擺脫窮忙太重要了。

如果你讓一個年輕人去賺一百萬元，他能想到的大概就是多拿幾張證照，去讀個研究所，或者利用晚上或假日兼差等，用單純的勞力換取「薪資」。但如果由一位身家數十億的企業家來談同樣的問題，他會利用極爲簡單、輕鬆、老辣的「商業模式」，在極短的時間內賺到一百萬的「利潤」。

這中間的關鍵差異是什麼?就是創造財富的「自我想像的限制」！

舉例來說，當別人談到利用道路用地進行「容積移轉」創造財富時，你可能根本聽不懂這個名詞，更不懂詳細操作過程。聽到人家利用這個方法將沒用的、不能建築的「道路用地」透過容積移轉的「煉金術」創造幾千萬、幾億的鉅額財富時，更是只能羨慕、嫉妒。

當你聽到別人利用某種方式賺大錢，你也想要掌握這個機會，卻完全不知道如何辦到時，這時候就代表你的財富思維來到極限，你的「自我財富想像限制」出現了。

這時，你面對這個自我想像限制的「態度」，才是真正決定你命運的關鍵時刻。

你可以選擇對富人賺錢的方法充滿懷疑、覺得投資太冒險、世上不可能存在這種好事、一定是非法手段等負面、仇富的想法，讓自己的財富想像繼續限制在「窮人」的思維內。然而，不願意抱持開放、積極的想法，其實是你對自己沒有信心，對自己充滿懷疑。

很多人認為投資有風險，但我認為無知才是最大的風險。學習的代價很貴，但無知的代價更貴。

賺錢沒有想像中難，但想要改變一個人的思維，卻非常困難！人都不想面對自己不熟悉的事物，不願意跨出自己的舒適圈，不願意挑戰自己的極限，但卻每天夢想不要「窮忙」一輩子，這不是在搞笑嗎？一輩子都做你有把握的事，怎麼能知道自己的能耐到哪？這樣會有出息嗎？

◉舊報紙變黃金

邱董是一位貨運公司老闆。有一天，他跟我聊起了他最近的生意，他投資了一項舊報紙買賣。我聽到嚇了一跳，貨運跟舊報紙一點關係都沒有，而且舊報紙有什麼好買賣的？難道邱董改做資源回收？

「你覺得舊報紙可以做什麼？」邱董笑笑地問我。

「除了拿到資源回收場，我想不到它可以做什麼，更想不到有什麼好投資的。」

「我把舊報紙全部拿來包水果」，邱董略顯驕傲地說。

邱董看我一臉疑惑，繼續泡著茶，慢慢地解說了一番。

他們組成一個投資團隊，向國內四大報標購每天沒有賣完的舊報紙，然後將所有舊報紙運往中南部「包水果」！因爲香蕉、榴蓮、西瓜、釋迦、葡萄等水果在運送的過程中，都必須使用報紙包裝、保護。台灣每天的水果運量很大，對於報紙的需求量當然也就相當驚人。

邱董的投資團隊將四大報的舊報紙全部回收，幾乎等於收購了全台灣所有舊報紙數量，再賣到中南部，這有些類似壟斷事業，他們的收購價是每公斤四．八元，賣到中南部每公斤可以賣到九元，中間扣除大約一、二元的運費，每公斤大約淨賺三元，每個月大約有三十萬公斤的總量，所以這個事業每個月可以賺到約九十萬元的利潤。邱董他們三人一開始是每人出資一百萬元，共三百萬元。也就是說，邱董投資一百萬元，每個月可以創造三十萬元，每個月的報酬率是三〇%，四個月後就能回本，一年可以創造三六〇%的驚人報酬！

從另一個角度來描述，就是如果你想要每個月有六萬元收入，那你只要想辦法借到二十萬元，四個月後就能把這二十萬的債務還清，並且接下來每個月再也不用上班、不用看老闆臉色、每天做自己想做的事情，就有六萬元的「被動收入」！

大家也許很好奇，這個「商業模式」就這麼簡單？其實，說簡單也就這麼簡單，說複雜也可以很複雜。大家想一下，這個投資需要哪些構成元素？

首先，需要熟知四大報舊報紙的標售資訊、流程，還有最關鍵的「門路」。

第二，需要到全國所有報紙銷售分點集中收回再運往中南部。

第三，在中南部需要有人透過水果大盤商通路賣掉舊報紙。

這三件事情都很不容易辦到，特別是第二點，必須擁有驚人的貨物運送車隊及高效率運送業務管理。

邱董向我揭曉答案，原來玄機就在他們的股東組成上。李董在四大報的關係很好，原本就在做四大報舊報紙標售業務，但是因爲缺乏貨運部隊及銷售通路，所以這個事業一直沒有很大的發展，每天賣不完的舊報紙也只能認賠賣到資源回收場。郭董是中南部的水果大亨，一直有購買舊報紙的需求，但卻苦無大額採購的管道，縱使他找上李董，李董缺乏貨運部隊，所以也無法將所有舊報紙如期交到他手上。因此，最關鍵的角色當然就是邱董，他是全台灣最知名的書籍貨運業大老闆，全台灣擁有數百台大小貨車及貨物集結點，擁有數十年書籍運送經驗，就像爲這個事業打通任督二脈的神經傳達網絡。

◉從富人的財富思維中取經

我相信，無數人動過自己創業當老闆的念頭，想像王永慶、郭台銘、張忠謀、李嘉誠等舉世聞名的企業家一樣，建立一番「功業」。但要做生意、投資，絕不是你買幾本書看完後就可以上戰場的。就像我們無法買幾本醫學書籍鑽研，就上場替病人開刀一樣。

有趣的是，這卻是無數人進入商場或者貿然進入投資世界的流程，也是爲什麼無數人創業、投資會一敗塗地，甚至多年累積的積蓄全部賠光，還欠下鉅額債務的緣故！

多數人一輩子僅僅生活在一種財富現實中，卻常常以爲自己認定的財富現實是唯一的現實。當你認爲賺一千萬很難，它就很難，當你覺得買不起幾千萬的豪宅，你就一定買不起！

財富思維沒有改變，帶著窮人的思維，無論就業、創業、投資都不可能成功，也就不可能改變財富現實。所以，想要賺到錢，首先你必須先改變自己的思維，學習富人的思考方式，突破自己的財富現實。

賺錢，是一項技能、技術、藝術。絕大多數的人無法靠自己摸索習得，必須擁有許多商場上成功及失敗的實戰經驗，所以你必須拜師學藝。

我在很年輕的時候，很幸運遇到很多貴人教導我關於商場的概念，讓我勇於創業，擺脫領薪水的窮忙生活。後來更在因緣際會下加入扶輪社，在眾多事業有成的社友大哥的熏陶、教導、訓練下，讓我在商場上的「洞察力」

「判斷力」「決斷力」都有長足的進步。因爲大哥們的栽培、提拔，讓我有機會擔任上市公司凱撒衛浴的獨立董事，近距離參與上市公司的大格局商場思維。近幾年來，因爲我慢慢地具有「合格」的商人思維，許多企業家大哥開始讓我加入他們的投資團隊，在實戰中歷練、體悟商場上的規則、競爭。

一個白手起家、擁有上億身價的人，必然經歷過從無到有的過程。他可以很輕而易舉、很悠閒地告訴你如何賺到一千萬。

你自以爲的賺錢方法，看在他們眼裡只是覺得你自己一直在哪邊繞圈圈，鬼打牆看起來很努力，卻是不斷浪費時間，就像我看著那三位組讀書會的年輕人一樣。無數的低薪族每天花很多時間拚命節省、儲蓄，雖然很努力，卻註定窮一輩子，眞的很可惜。

如同股神巴菲特不斷提過的：「小狗玩不出老把戲！」

◉做人，永遠在處事之前

你可曾想過，爲何前輩願意點醒你，願意將你從鬼打牆繞圈圈中拯救出來？

這就回到我不斷強調的，「做人處事」的重要。「做人」，永遠在「處事」之前！做人不是單純的逢迎拍馬，而是需要廣結善緣、眞誠待人、創造自我被利用的價值、學習察覺人性等。

或許你會問，爲什麼我不斷強調「做人」的重要性、關鍵性？到底「做人」跟賺錢有什麼密切關聯？從小學校不是一直強調「專業」才是王道？

就像前面提到的舊報紙買賣生意，看起來好像只是找來三個專長不同的人就能組成團隊，但實際上卻沒有這麼單純。試問，這三個人如果沒有交情，憑什麼信任對方？憑什麼建立合作關係？這三個人的利益如何分配？均分嗎？彼此會覺得自己的貢獻度只值三分之一嗎？各自原先都是很大的公司，在這個投資事業裡，各自投入的資源、成本比例如何指派？最關鍵的，這個團隊到底「誰說的算」？意見不合時，如何達成共識？只要其中一件處理稍有差池，這個團隊就有可能遭遇障礙，甚至分崩離析。

企業的「企」，拿掉「人」字，就是「止」字。

人的問題，是企業經營的「靈魂」。你最好狠狠記在心裡，否則當你有天被「人」的問題突襲時，你一生的努力可能都付諸流水。

想改變既定的財富思維，突破自我想像限制，練就賺錢技能，其過程沒有你想的輕鬆愉快。你會遭遇許多過去從未面臨的情境，你必須使用全新的思維來看待問題，就像武俠小說裡，要打通任督二脈必須要把整個人倒過來一樣！

過程中你有所懷疑，就代表你正在點滴改變。請放開心胸，抱持開放的思維，接受一切過去你難以想像的「新思維」，你的人生將有奇妙的化學變化。

改變是痛苦的，是一個否定過去自我的過程，就像是一個右撇子改用左手吃飯的過程。

自在的人際交往技巧

越宏是我的朋友，是個很努力的人。他非常重視「人脈」的培養，只要可以認識新朋友，無論再忙、再晚、再遠，他都會想辦法出現，積極和大家交換名片，想辦法扯到共同認識的朋友、共通的興趣話題。

只要是對他的「前途」或「業績」可能有幫助的人，越宏會努力記得他們的生日、喜好，逢年過節一定準時送禮到家。他對每個聊天話題都謹慎小心，盡力講好話，行爲舉止也都順著、配合著那些可能的大貴人。他爲他們做牛做馬，被當小弟呼來喚去，但爲了成功，這一切不悅他都忍了下來，只要可以成功，這一切都是值得的。

有天，越宏跟我聊天時，透露他心裡對於這一切「人際應酬與交往」感到非常疲憊、厭惡，對於所謂「上流社會」的虛假感到噁心，更抱怨「那些人」

總是利用完他後，就把他一腳踢開，並沒有給予他什麼立即、有效賺錢或提拔的機會。

他說：「爲何我已經爲他們做了那麼多，他們卻還不願意幫忙我，給我機會？到底我該怎麼做才能建立強大的人脈呢？」

我相信，許多人或多或少都曾有過與越宏相類似的遭遇與心聲。

◉如何建立真正的人脈

你對人百般討好、阿諛奉承，不代表對方有義務真心跟你交往。你問問自己，遇到一個這樣對你的人，你不害怕嗎？收到他送的禮物，你不擔心嗎？能眞心把他當朋友看待嗎？

很多人把「人際交往」技術化，將市面上談到人脈的書籍奉爲聖經，以爲嫻熟所有公關技巧後，就能建立起強大的人脈關係。

當你自認爲學會所有公關技巧時，你就變成了「鋼鐵人」，把自己的眞誠用虛假的鋼鐵緊緊包了起來。對方認識的是你的鋼鐵外衣，而不是眞正的「你」，一個沒有「溫度」的你。

你一定認識某些人，無論那個人對你做什麼事、說什麼話，你心裡永遠都難以信任他。因爲**眞正的交情不是建立在「技巧」上，而是「信任感」**！

不用去羨慕那些公關技巧高明、在各個宴會場合中總可以像花蝴蝶一樣飄來飄去，彷彿遇到任何人都是他的好兄弟、好姐妹的人，相信自己，你可以走一條不一樣的道路，你可以比他們更成功。

許多人習慣將「人際交往圈」區隔成「眞心交往的人」「需要應酬的人」。前者在我們心中是眞正的朋友；後者對我們而言，是事業上的需要而往來的人。通常，我們對於前者的情緒忍受度很低，開心或不開心不會隱藏起來，會直白地表現出來。然而對於後者，我們總是有著高度的忍耐力，縱使有情緒，也會竭盡所能地隱藏，謹慎小心應對每句話、每個舉止。

這兩者的思維差異已經決定了一切！也就是說，是你自己決定了這一切！

幾年前，在一位何董豪宅裡舉辦的宴會讓我印象深刻。那個宴會桌好大，一次可以輕鬆坐上二十個人，加上現場有二位廚師與四位傭人服務，是一場很氣派的宴會。

在場我的年紀最小，嚴格講，每個人都大我二十歲以上。我超緊張，很怕講錯話或是哪個行爲舉止不符合「規矩」。說實話，那天晚上壓力大到根本不敢吃什麼東西，只能靜靜觀察每個大老闆之間的對話與互動。

終於捱到宴會結束。等所有賓客都離去後，何董刻意把我留下來喝茶。

「阿源，你看得出來剛剛那整桌賓客，哪幾位是我的眞心朋友？」何董問。

「眞心朋友？看起來都是您的好朋友啊！您和每位賓客的互動都極爲熱絡，大家也都很開心。」我充滿疑惑地回答。

何董突然大笑了起來：「傻老弟，如果連你都看得出來，我還混個屁啊！」聽完這句話後，我心中更是一大堆問號了。

何董喝口茶後，看著我疑惑的臉笑了出來：「阿源，你覺得眞心朋友的最重要判斷標準是什麼？」

「互相幫忙嗎？」

「錯！」

「噓寒問暖嗎？」

「又錯！」

「互相欣賞喜歡嗎？」

「還是錯！」

「人與人相處，最難得的就是『自在』！」何董又喝口茶：「只要兩人之間存有一定的包裝、算計、利用關係，就難以避免無形中透露出壓力。此時你就會小心謹愼、隱藏眞實的想法與情緒，絕不可能自在！這段話，你必須狠狠記在心裡，回去好好思考。」

眞是震撼啊！簡單兩個字，擊潰了無數人脈交往的「技巧」。突然間，那些「技巧」顯得幼稚、可笑。

◎不虛假才是王道

大家可以想一下，如果你今天跟你爸媽、家人相處，你還會有那麼多的顧忌嗎?肯定是想到什麼講什麼，穿件汗衫、穿條內褲上桌吃飯也沒差，甚至在他們面前挖鼻孔、放屁也都不以爲意。我相信，在你心中一定也有幾個這樣的朋友。

無論是你的家人或朋友，跟他們相處的共通特質就是「自在」！因爲「自在」，你可以卸下心防，你可以不再武裝，你可以放膽展現自己。他們所見到的，是最「眞實」的你。

然而，我們對於外在世界的人卻往往用「虛假」的自己去認識與交往，有時，我們會因爲過多這樣的表面、虛假的互動，失去了自我，變成一個連自己都討厭的人。

人是極爲複雜與敏感的，尤其在情緒與感受上更是如此。**當你用包裝後「虛假」的自己去與人交往時，縱使是很細微的表現，對方一定能感受得到。**

你想想，如果今天你自己感受到這樣的「虛假」，你會怎麼做？你能「眞心」張開雙臂去擁抱對方嗎？

你自己都想獲得「眞心」的對待，那些你所期待結交的大老闆們何嘗不是呢？尤其當他們已經賺取大量財富、位居高位時，幾乎已經很難感受到「眞心」，身邊圍繞的盡是對他們阿諛奉承、百般討好的人，期盼從他們身上獲得「好處」的人。他們社會歷練深，不是笨蛋，一眼就能看穿，所以「眞心」的人、讓他們感受「自在」的人，就顯得極爲罕見、珍貴。

越宏是個好人，也是個努力的人，只是思維錯了，行爲模式也跟著出錯。複雜的應酬技巧、講再多應酬的話，都難以建立眞正的信任與交情，頂多只是讓對方「認識知道」你這個人的存在。

真心的朋友不需要講那麼多應酬話及技巧。應酬話講得愈多、技巧用得愈多，只是透露你們的交情其實眞的沒有那麼好。

◉帶著目的投資人脈，小心壓力大

我們總以為在人際交往上必須要做很多，每天要不斷地應酬、送往迎來，找到機會就出手幫忙，希望對方積欠我們人情，有人稱這叫做「人脈存摺」。然而，當我們付出愈多，就會期盼對方應該給予我們相對應的回報，這是基本的人性。但是，結果卻往往不如我們預期，甚至當我們做得愈多，回報愈少，我們的失落就更大，最後會讓我們產生憤怒的負面情緒。

主動幫助別人不是錯事，但如果你內心帶有高度「目的性」，希望藉此讓對方欠你人情，有朝一日希望讓對方能連本帶利「償還」，這樣的幫忙只是一種「控制手段」。對方不是笨蛋，他心裡一定能感受得到。只要不是傻子，就知道「最難還的是人情債」。對他而言，這就是一種強大而無形的「壓力」！

不為小利，必有大謀！不用錢的永遠是最貴的！

當你帶著高度「目的性」去幫助一個人，彷彿將每一次幫助別人的行為視爲一種「投資」，期待「回收」並創造更高「報酬」，這樣的「冒險」心態將使我們患得患失，最後搞得自己也不快樂。

人際交往這檔事，當你的動作與作為愈多，只會帶來更多的失敗。當你想要透過幫助別人達到控制與獲得報酬的目的，最後你只會失去。

所以老子《道德經》說：「無爲故無敗，無執故無失。」沒有作爲就不會失敗，沒有控制就不會失去。「無爲」不是什麼都不做，而是「無心而爲」，是沒有強烈目的的心的作爲。

每個人有自己的人生要過，沒有人是爲了滿足你的期望而活。所以，當別人的行爲不如你所願時，我們沒有資格去批評、責怪、動怒。

◉用最簡單的思考，解決最複雜的人際問題

你可知道，我認識最頂尖的社交高手是什麼人嗎？

答案是：嬰兒！

極少人可以抵擋嬰兒天眞無邪的笑容，那天使般的笑容幾乎可以瞬間融

化每個人的「心」，解除所有一切武裝、心防。

孩子的笑容爲什麼這麼動人、可愛、美麗？因爲「簡單」！**只有「簡單」才有「真實」，才能帶來「信任」，最後才能帶來「自在」**！

我們總是努力去認識別人、瞭解別人、討好別人，卻始終沒有準備好讓他人認識最眞實的自己。

如果眼前出現一個非常瞭解你，而你卻發自內心覺得自己一點都不瞭解對方，總覺得對方有所保留，你會想跟他交往嗎？

一個複雜難以被瞭解的人，縱使再聰明、社交技巧再好，也難以結交眞心的朋友，甚至可以說是因爲他的聰明、技巧，阻礙、蒙蔽了最簡單的心。

很多人把有錢的人、企業大老闆想得太複雜，好像他們每個人頭上都長角一樣。其實，當你內心想的愈複雜，事情就會眞的變得愈複雜。

其實，在我來看，無論有錢或沒錢的人，社會底層或大企業家，**大家都是「凡人」，都想要過著幸福的日子，都想要擁有簡單的眞心朋友**。這是每個人活著最基本不可缺少的需求。從這個角度來看，一切都變得非常「簡單」！

用最簡單的思考，解決最複雜的問題。簡單，不可思議。簡單到不可思議！

只有當你願意先卸下自己的武裝、技巧，讓自己變得更簡單些，對方才有機會認識眞正的你，認識一個簡單、眞實的人，這是每個人最基本的期待。不要一味用自己認爲對的方式與技巧去和對方交往，我們應該將焦點放在對方身上。

◎啓動人脈善循環

懂你的人，會用你需要的方式與你相處。不懂你的人，會用他自己想要的方式與你相處。懂得對方的需求，理解對方的難處，關懷對方的處境，遠比一切交際應酬的技巧重要太多了。

因此，你要對自己有自信，努力讓自己變得更好，願意主動幫助別人、關懷別人，相信簡單、眞實的自己是可以被接受的。

或許你會問：「如果別人還是不接受我們怎麼辦？」

這世界上的人太多了，你本來就沒有辦法讓所有人都接受你。不要貪心，更不要勉強扭曲自己去適應每個人。因爲你的勉強、扭曲、不自在，對方一定也感受得到，你們很難成爲眞正的朋友，你只能維持在吃飯喝酒、見面寒喧幾句的程度。此外，那些大人物身邊多的是蒼蠅，也絕不缺你這一隻！人與人之間，講求的是磁場、緣分，眞的不用勉強。

不要天真期盼每個人喜歡你，這是不可能的，但你能努力建立被敬重的人格特質。是否討人喜歡看緣分，但是否受人敬重是有共通特質的，例如眞誠、信用、腳踏實地、簡樸等。

每個人都期盼得到幸福快樂，當你愈集中關注對方幸福快樂的需求上，你就愈能鬆手自己的目的，不再緊盯著自己的企圖，讓每個人的人生都能因爲你的出現感到更幸福快樂。眞誠的關懷與幫助很簡單，卻能讓人感到溫暖，你無須勉強、僞裝自己，因爲你會從別人的幸福快樂感到喜悅，你將變成一個更好的人。

讓你自己的「目的」從這個過程中淡化，不僅你自己不再患得患失，對方也不再感受到壓力，你們的互動將變得簡單、眞實、自在。

記得，**人只有感到幸福快樂時，會更願意出手幫助別人，這是正面的人性**。就像你今天升官、加薪、領到高額年終，下班經過路口時，看到老太太在賣彩券，你會掏出錢來跟她買；坐計程車下車時，不用司機找零，展現愉快的慷慨。這時候，幫助別人不會感到壓力或自我犧牲，而且能夠得到一種發自內心的喜悅，不斷不斷地產生幸福快樂的善循環。

當你可以讓很多人感到幸福快樂，你不用開口或期待。啓動的善循環，最後你可能獲得遠超乎你所想像的回饋！更重要的是，對方一點都沒有壓力，一切都在自然的氛圍下完成，一切都顯得那麼自在、水到渠成。

沒有目的的目的，才是最大的目的。這是一種境界、格局。

卸下重擔吧！讓自己變得簡單，讓每個人感到幸福快樂與自在！一切都會變得不一樣！

避風港理論

有一天，吳董打電話給我：「阿源，你下午有空嗎？」

「怎麼啦？」我疑惑地問。

「可以陪我去一趟淡水嗎？」吳董的語氣顯得有些落寞。

「好，沒問題。」我爽快地答應。

吳董開著賓士五〇〇來接我，兩個人就這樣出發了。我們先逛了淡水老街，再到淡水紅樓喝咖啡，然後再殺到基隆廟口吃晚餐，一直到了快半夜才回到家。一路上我聽著吳董訴說著外人難以理解，他也不便對外講出口的難處與痛苦。

回到家，老婆開玩笑地說：「你們兩個大男人走的都是情侶談戀愛的路線耶……」

吳董是一位非常努力、勤奮的企業家，參與家族事業經營也已經超過二十年，身家超過五十億。無數人極爲羨慕他擁有的一切，但在吳董心裡，他知道外面很多人始終無法認同他付出的心血，認爲他只是好命的「富二代」！

一句「富二代」，抹煞了他辛苦二十幾年的努力。顯然這極不公平，但他又無法對外爭辯這個議題，再多的無奈與委屈也只能往心裡擱。而我，就是他極少數能夠講出「心裡話」的兄弟。

法羽幫的孩子們總是非常好奇，爲何我毫無家世背景，年紀又這麼輕，卻可以擔任這麼多企業家的私人幕僚，深受他們的信任。他們也希望可以像我一樣，擁有這麼多貴人的栽培與提拔。

我通常會問他們：「在他人眼中，你是一個什麼樣的人？你是一個値得別人信任的人嗎？」

記得小時候玩過一個遊戲。我們閉上雙眼站立著，後面站一個朋友，我們要讓自己往後倒。這時，一定只能相信後面那個人會接住我們。如果後面那個人沒有接住我們，甚至逃開，我們肯定會摔得很慘。

這是一種信任遊戲。當我們眞的被朋友接住時，是別人對我們忠誠的展現，這種感覺讓我們充滿安全感，是一種「被支持的力量」！

可惜的是，在現實社會裡，這種眞誠的信任極爲罕見。

◉值得信任的人格特質

只要是人，無論你是貧窮或富有、低賤或高貴、博士或文盲，你一定有自己的煩惱。

當煩惱的心事出現時，一直悶在心裡肯定會得到內傷，但有些心事是非常非常隱私的，甚至是多年來一直被你刻意埋藏在內心深處的秘密。

例如，有一天一個女人看到一個很可愛的小男孩後，她卻哭了，因爲她心裡想起，如果當年她肚子裡的孩子沒有拿掉，現在應該也這麼大了，應該更可愛才是。

又例如，某位年輕女孩因爲家境被迫放棄學業，甚至去聲色場所上班，而有個女企業家對她有著強烈的同情心，因爲她自己年輕時也曾因爲父親癌症需要龐大醫療費，無奈犧牲自己身體，有著不堪回首的過往。

每個人都有不想輕易對人提起的秘密，有些秘密一旦揭露，可能導致他們身敗名裂。但人是感情動物，總會觸景傷情，總有在某個時刻，很想找人訴說壓抑心裡多年的痛苦。此時，這位訴說的對象一定是他們極爲信任的人，信任到可以毫無保留，把最眞實的一面赤裸裸地給這個人看到。

想一下，如果今天老闆宣布年終發送十個月的獎金，你的心情極好，好到快要跳起來唱歌，想要找人分享這份喜悅、下班後去居酒屋喝酒慶祝……請問，扣除你的另一半及家人，這樣的朋友有哪幾個？

再想一下，如果，下班前老闆跟你說剛剛是開玩笑的，而且希望你就做到年底，你的心情因此掉到谷底，壞到想要拿椅子丟老闆，你想要找人大吐苦水，下班後也想去居酒屋喝酒發洩鬱悶的情緒……請問，這樣的朋友又有哪幾個？

我幾乎可以大膽預測你的答案，這兩個問題你會找的朋友極少，可能只有一個人，甚至是同一人！

人的一生，最難找到的便是可以彼此信任的好朋友。能夠分享彼此的大喜與大悲，能夠參與彼此人生的各個重要時刻，你們彼此的情緒會深深地互相影響，你們的心會緊緊地連結在一起。這是所有人性共通普遍的需求。因爲，這是我們活在世上賴以生存的重要支持力量。

想要建立起這樣的信任感與交情，仰賴的不是技巧、喝酒應酬，而是奠基於最根本的人格特質，一個値得被信任的人格特質。

「只要是人一定有過去！」這是一句眞理。許多企業家在創業的數十年間，絕對有許多無奈與秘密，然而因爲他們現在的財富、地位，身邊出現的盡是想要從他們身上得到好處的人。他們一點都沒把握，當他們遭遇困難失去一切時，最後到底有誰會留在他們身邊？他們心裡明白，當那一天來臨時，那些曾殷勤侍奉他們的人一定會鳥飛獸散，甚至當出賣他們的利益極高時，那些人也一定會毫不猶豫地「動手」！

所以我完全可以體諒他們對人的不信任。

當你愈害怕在人際關係上受到傷害，你就愈容易受到傷害，因為你始終無法付出真誠的關懷，對人始終有所保留，抱持懷疑及恐懼。

◉安全感對人際交往的重要

在我來看，企業家跟一般人沒兩樣，有時還覺得他們比一般人辛苦，財富、地位在他們身邊築起一道厚實的城牆，不但難以遇到值得信任的人，連他們自己也常常封閉自我，不願意敞開胸懷去信任別人，他們得不到最根本的「被支持的力量」，這是極爲辛苦、孤單的。

無數人想要接近他們，學了各種「技巧」，嘗試獲得他們的信任，卻往往不得其門而入。但實際上，他們心裡比任何人都渴望找到可以信任的人！

這之間的認知落差到底在哪？發生什麼事了？

許多年輕人很喜歡在公開場合裡，炫耀自己的人脈關係，仿佛無數的達官貴人都是他的好朋友、好兄弟，連歐巴馬都常跟他 Line 來 line 去，習近平有時也會邀請他到北京吃個飯等等，爲了取信大家，他們往往會講一些八卦或秘辛，來展現他的關係很特殊、很親密。每次我聽到類似的談話時，我心裡就知道，他已經被判了「人脈關係的死刑」！

對於朋友的秘密，你只有傾聽的義務，卻沒有轉述的權利。你永遠無法想像，今天不經意洩漏的念頭或講出去的話，將會在明天爲你帶來多大的災難。給人不出賣朋友的印象，比什麼都重要。只要是人，都願意付出極高的代價來獲得安全感。

這是人際交往的第一步，更是關鍵的一步。可惜的是，無數人在第一步就掛了！「閉上你的嘴」是最容易被忽略的，但卻是最基本重要的。

我相信沒有人會承認自己是個「大嘴巴」。但能否爲朋友保守秘密，不是你用嘴巴講講就算數，那必須經過很長時間的觀察與檢驗。信任感必須靠點點滴滴累積而成。

不要急著表現，不要急著獲取別人的信任。不要短時間讓人對你大喜過望，而是要長時間的不失望。**在人際交往關係上，我們應該追求的是「累積的價值」**。

當我們遭遇困難，心裡感到焦慮、恐懼、無助時，往往第一個念頭就是「回家」！

「家」，帶給我們「歸屬感」。讓我們知道，無論發生什麼事情，家人一定會保護我們、包容我們、支持我們。一個人如果失去這樣的「歸屬感」，等於失去了根，失去被支持的力量，剩下的只有飄泊而已，這是很可怕的。如果，朋友之間可以建立這樣的情感基礎，是非常難得與珍貴的，我稱之爲「避風港理論」。

每個人都在找尋自己心中的「避風港」，希望得到安全感及被支持的力量，這種「歸屬感」是無價的，這樣的交情是超越一切的。

◉你懂得傾聽嗎？

要成爲別人的避風港，除了前述談到「閉上你的嘴」以外，就是要有強大的「傾聽」能力。透過傾聽去深度理解對方的性格、處境、難處，還有內心深處的念頭。

我們都希望可以跟「懂我們的人」對話，這可以去除許多無謂的「開場白」。直接、眞切、不包裝，經過長時間的互動，你可以知道對方的過往、曾遭遇的困難、每個事件中的人事物。如此一來，連「前情提要」都可以省略。

但你認爲自己很會「傾聽」嗎？

許多人在聽對方講話時，往往自認爲對方的話講完了，急著接話，扼殺了別人的思緒，然後用自己理解的皮毛程度，開始誇誇其談自己的「解決之道」。接下來，所有的時間都被你佔據了，還天眞以爲自己的口才很好。

相信你曾有過這樣的感受，以及被如此對待的經驗。下一次你還會想找同一個人「談心」嗎？你的心門應該從此對這個人「緊閉」了吧！

更慘的是，這樣的互動過程一點都沒有幫到對方，因爲對方的負面情緒仍然鬱積在內心深處。毫無疑問，你講得再多，都是「廢話」。

專心聽，不急著接話，是傾聽的第一步。在對方還沒有將內心的話清空之前，還沒準備好接受你的意見之前，什麼都不用做，只要專心聽就好。

當你能夠練習極爲專注傾聽對方說話，你會發現在這段神奇的時間內，你會逐漸忘記自己的存在，你融入了對方的情緒，你的心逐漸靜了下來。只有當你忘記自己，進入對方的心，你講的一字一句，才能眞正動搖對方的情感。

傾聽的最高境界，就是專注到彷彿所有周遭一切事物全部消失。在這時空裡，彷彿只剩下你和對方的存在。在這空無一物的白色房間裡，一切顯得非常平靜，對方訴說的一字一句、所表達的任何一絲情緒，都能觸動你內心的感受。這是一種「無我」及「同悲同喜」的境界。

這不是輕易可以達成的境界，但只要你願意開始練習，一定會有很好的成效。

有時，他們並不是要得到「解決方法」，或者說，他們面臨的問題根本沒有解決方法或答案。他們要的只是「找一個人說說話」而已，他們需要的是「陪伴」。關於這點，「狗」有時做得比「人」還好。

當一個人找到「懂他的人」，可以讓他願意傾訴「心裡話」，一切內心的憂愁、煩惱、恐懼，就能夠獲得很大程度的「緩解」。

當你仔細傾聽，幾乎都可聽出人們語帶傷痛、憂愁、恐懼。當對方知道你用心聆聽並能感同身受，就能得到極深的撫慰，就能卸下防衛，對你敞開心房，就像兩個光著屁股在三溫暖泡澡的哥們，坦誠相見。

◉彼此支持，成為對方的避風港

撫慰人心的力量是很強大的！一個強大的人，有能力讓別人獲得安慰、讓他們臉上露出燦爛的笑容。

要成爲別人的「避風港」，需要的不是一堆複雜的技巧，需要的是你眞心願意花時間與人共度幸福、快樂、痛苦、哀傷的時光。讓他們知道，自己活在這世上，有人眞心在意他們。只要你需要，我永遠在這等著你、陪伴你。這就是一種「被支持的力量」。

如果你可以讓人因為你在身邊而感到安心，可以消除原本的憂鬱與不安，你的存在本身就有很大的意義。一次次的練習、努力，你會愛上這樣的感覺。你會逐漸將自己帶離自私與貪婪，融入許多人的生命中，給予他們眞誠而深切的認同。你們彼此都將感受到強烈的「歸屬感」，**你們能成為彼此的「避風港」，這是一種至為純淨的人際關係。**

如果，你眞心將對方視爲你的朋友，你很自然會因爲你所在意的人快樂而心生喜悅。這無需練習，這是我們的本性。但如果難以獲得這樣的喜悅，代表你無法將對方視爲眞心的朋友，那不要勉強，因爲你的「假裝」終有一天會被看穿，你也難以敞開胸懷進入對方的心裡。當然，如果你願意學著一步步擴大你的「避風港」，願意放下自私的心，願意用利他的思維擴建港口設施，容納更多的人，這是提升自我的好想法，更是許多人的好消息。

離苦得樂，是人類永無止境的追求。從這個角度來講，所有人都是一樣的，也都是平等的。試著從這個角度去理解對方，無論對方是誰，總統或乞丐、富有或貧窮、博士或文盲，大家只是想在這短暫的生命裡，獲得幸福快樂。

當我們能夠成爲一個人的避風港，給予他人安全感、幸福感，這是多麼大的信任啊！只要我們願意努力，不辜負這份信任，你將與人建立堅實不悔的友情，你們彼此將深深受益，你將從中獲得珍貴的使命感、成就感、歸屬感，你將成爲無比強大的人。

人我之間的依存關係

剛加入法羽幫的學弟妹們，尤其是第一次參加幫聚時，最喜歡問我的問題就是：「老師，您是如何達到目前的成就？」

我總是回答：「我只是比較『好運』而已。」

孩子們因為剛來幫裡，不夠瞭解，總以為我藏私，不願意透露秘訣。在一旁的學長姊看著學弟妹一頭霧水的樣子，總是哄堂大笑。因為他們都知道，老師說的是眞心話。

◉快樂的漣漪，正氣的力量

我認識許多事業成功、擁有財富、權力的人。他們並不快樂，整日惶惶恐恐，彷彿害怕有人會覬覦他的財富、權位，擔心有人會設計他、害他。這種焦慮及恐懼始終跟隨著他們，日以繼夜、如影隨形。

我曾聽一位大哥提起，過去很多道上兄弟要找對象勒索「跑路費」時，挑選的對象通常是那些獲取不義之財的奸商或政客們。

「爲什麼？」我問。

「那還用說，在道上混的兄弟也是要面子的啊！如果去跟好人要錢，是會被看不起的！」大哥接著說：「你想想，會有兄弟敢跑去跟聖嚴法師勒索嗎？」

「……」我頓了一下。

「當然不敢啊！見到聖嚴法師都要立正站好了，哪有可能敢跟他勒索錢！」

「這是爲什麼啊？」我充滿好奇。

「這麼簡單的道理，因爲『正氣』啊！」

商場上充斥著爾虞我詐；職場上充斥著鬥爭。在無數的算計、布局下，利用別人遭逢危機時加以併吞，以贏得企業規模與財富的情況大有人在。尤其在「成功」這個光榮目標的勾引下，極少人可以抵住誘惑。最後，往往說服自己只要能成功，犧牲別人也是情非得已。說不定有一天，習慣鬥爭的我們，已經對於別人的死活不再有感覺。

我們是群居的動物，無法孤立於人群而自己生活。我們與他人之間具有深度的依存關係，我們的快樂很大部分是取決於他人是否快樂！

我們很難自己一個人快樂，我們都是從與他人互動中感到快樂或痛苦，這是一個毫無爭議的事實。

如果你的存在讓周遭的每個人都感到痛苦，你能快樂得起來嗎？如果周遭每個人都因爲你的存在而感到快樂，我相信，你自然也會快樂起來。

當你的成功是贏過別人，當你將自己的成功建立在別人的犧牲與失敗上，你將難以逃避這種爭奪後的「負面反作用力」。這樣的成功將難以持久，沒有人眞心期盼你「一直好下去」，你的對手永遠等待給你致命的一擊。有一天，你爭奪來的一切都將歸還於社會。你將瞬間發現，你緊抓的一切名利都是一場空，一切都將回歸平靜。因爲你不是獨立於這個社會，你的一生都與他人有著難以割捨的依存關係，它會維持一種難以言喻的奇妙平衡。

這在佛家稱之爲「因果」。

每個人都想要獲得平安的感覺。財富、地位、求神拜佛，都無法讓我們獲得長久穩固的平靜。只有做好事產生的力量辦得到，這也就是一般人所謂的「正氣」！

◎心中無敵，天下無敵

我們選擇做好事，選擇對別人好，不是爲了獲得別人的稱讚或認同。只是單純因爲我們知道這樣做有機會比較快樂。至少，我們沒有敵人。

這個社會可以很複雜，也可以很簡單。當你慣於運用算計、布局、鬥爭獲取勝利時，這社會就是複雜的；當你願意做好事、對別人好、將別人利益放在優先順序時，這社會就是簡單的。社會不複雜，是你自己把它變複雜了，這一切都只是「心境」的轉念，都在一瞬間的思維而已。

我認爲一個不斷做好事、幫助別人的人，是一個擁有強大抵抗力的人，可以在病毒充斥的社會環境中悠然生存。他所累積的善緣將會形成一道強大的「正氣」保護著他，不受任何不好事物的侵害，沒有人願意傷害他，因爲大家是發自內心敬重他，這是消彌敵人最強大的正力量。

一個心存善念的人，心中是沒有敵人的；一個不斷幫助別人的人，是沒有時間去算計別人的，自然就不會製造敵人，他在交織依存的社會網絡中，不斷創造別人的幸福快樂，他將獲得「正面反作用力」，最終他將得到「心」的平靜，這就是「心中無敵，無敵於天下」的境界。

「無敵就是心中沒有敵人，沒有過去的宿仇，也沒有現在的怨家，更不製造未來的對頭。所以不是仗權勢而稱無敵，也不是憑財力而稱無敵，更不是靠武力打敗一切人而稱無敵，而是以慈悲心照顧、原諒一切人。慈悲的主要目的是心中無敵。」

——聖嚴法師

◉建立依存關係，與他人共享美好生命

由於父母早逝，我很珍惜身邊的親人，也因爲家裡沒有長輩，沒有「依靠」，讓我更重視與社會上前輩們的情分。我在意、關心他們的快樂、幸福、痛苦、悲傷、健康，就如同對待我父母一樣。而他們也非常疼愛我、照顧我，甚至將我視如己出，連過年的年夜菜都幫我準備好了呢！

這讓我心中滿是感恩，更讓我在無父無母的處境中，找到最難得的「歸屬感」。

我們從出生那天起，就在尋找一種建立在「依存關係」上的「歸屬感」。這就是我們安全感的來源所在。甚至可以說，我們活著，就是為了尋找一種「歸屬感」。

一般而言，「家」便是我們「歸屬感」的原始來源。我們與家人間彼此

扶持，家人間的一切喜怒哀樂，都深深牽引彼此的心緒，這便是一種極爲深度的依存關係。

我們辛苦努力，就是爲了讓家人過著幸福快樂的日子。我們努力的榮耀與成就，都希望可以與家人分享；當家人遭遇傷痛時，我們也希望可以試著分擔與承受。這一切無須僞裝、算計，我們更不會將我們的成功建立在家人的犧牲上，甚至應該倒過來講，我們的成功是建立在想讓家人幸福快樂之上。

想像一下，當你獲得某種成就時，第一時間想與家人分享的心情，因爲你知道他們是發自內心爲你感到開心。一樣地，當你的家人得到某種榮耀時，你一定也是眞心地替他們高興。

這種感受很眞摯，讓我們在外努力時不再孤單，讓我們做任何事時心裡都能感到踏實。家人給予我們的，是無條件地支持。我們知道他們衷心希望我們「一直好下去」。

若你可以將這種「希望他們一直好下去」的支持力量給予你的朋友，這便是最大、最珍貴的「禮物」。

當你看著朋友的成就，會有發自內心的快樂。這在佛家稱之爲「喜」，一種沒有算計、鬥爭的快樂。

別人的成功，不代表你的失敗。當你能爲別人的成功感到喜悅，別人也將以相同的態度對你。這不再是你勝我敗、我勝你敗的關係，而是一種共生依存的關係，你的「歸屬感」也就能逐漸擴大。

◉好運好命的關鍵

「好運」，聽起來或許抽象，其實是很具體的感受。當有無數曾受你幫助、與你建立深度依存關係的人無時無刻逢人都說你的好話，就像在大街小巷有無數「宣傳車」幫你打廣告一樣，這種影響力帶來的好處明顯可見。光是透過他們介紹再轉介紹再轉介紹的機會，讓你生意接都接不完！

人一生的成功，除了自己的努力不懈外，一定有某部分建立在「運氣」上，所以我們必須謙虛，實際上，我們一點驕傲的本錢都沒有。

不要覺得我們的成功都不需要靠別人，也不要太相信自己努力部分的貢獻比例，我們與他人絕對有著緊密的依存關係。我們總有求人的時候，而你平時所建立的人際依存關係，就是成敗的關鍵。

我一直是個很努力的人，但我眞心認爲比我厲害的人多得是。我之所以可以獲得目前爲止的成就，除了努力，是因爲我長年累月幫助別人而累積的善緣，讓我擁有一次次奇妙的際遇與機會。

當我們願意給予、願意將別人的利益擺在第一位，就能吸引人們接近我們。會因此產生驚人的「魅力」，產生好的影響力，自然會不斷有「好運」發生。我深信，當我運用文字、演講幫助愈多的人，我就愈好運！

說來眞是弔詭，當我們愈想要追求成功、愈想獲取我們想要的一切，有時卻離目標愈來愈遠。而當我們願意停下腳步，關注別人的利益，幫助別人解除恐懼和痛苦，爲別人的幸福快樂貢獻心力時，反而讓我們在有形與無形的「好運」加持下，在無數人的祝福中實現夢想。

最終，你會發現，原來仁慈待人與仁慈待己之間並非犧牲或取捨關係，其實兩者是同一件事情，因爲我們彼此的快樂幸福是緊緊相扣不離的。

「如果你希望別人幸福快樂，你必須慈悲；如果你想要幸福快樂，你也必須慈悲。」

我自認爲，自己到目前爲止最大的成就，就是我每天晚上都能像嬰兒一般平靜入睡，每天都能在平靜中自然甦醒，每天出門都帶著平靜的心，並發自內心相信一定會有「好運」發生。

我只是一個很努力的人，一個比較「好運」的人。

批評別人，受傷的永遠是自己

有一天，小朱很生氣來找我。他說：「不知道什麼地方得罪了明輝，他竟然到處講我壞話，而且愈講愈誇張，很多事情根本不是事實，我想要對他提告！」

小朱是個很努力、實在、人緣好的年輕人，和明輝年紀相仿。他們都是我的朋友，彼此在事業上都很有成就。小朱對於明輝的行爲一頭霧水，因爲明輝每天都跟他稱兄道弟，互動熱絡，根本沒發生過摩擦。

「你心裡一定很不爽，很想要反擊，是吧？」我問。

「當然，我忍受他很久了！愈來愈過分，愈講愈誇張！」

「但我建議你緩一緩。」

「爲什麼？」

「因爲這時候的你，已經被激怒了！你掉入了對方預設的陷阱，他所期望的，就是看見行爲失控的你。最後，你的格調就會變得跟他一樣了。」

◉面對惡言，不先急於辯解澄清

你一定也曾遭到別人惡意、莫須有的批評與攻擊，心裡一定很不好受，想要反擊，給對方吃苦頭。這樣的痛苦感受，我也曾有過。

你必須先強迫自己靜下心來，仔細反省自己是否確實如對方所說的那樣不堪。這是第一步，也是最重要的一步。沒人喜歡被批評，但也往往因爲批評，可以讓我們的缺點顯現，這是一個修正自己、讓自己更好的契機。

如果仔細反省自己後，確定是惡意攻擊，多數人會急於澄清解釋，甚至進行反擊。但社會上很多事情本來就是講不清楚的，事實不會愈辯愈明，只會愈吵愈複雜，最後恐怕會變成互相謾罵。到這地步，你會被迫降低格調，這時的你，與對方有何不同？

想清楚，在你沒得罪對方的前提下，對方爲何要批評你？絕大多數的情形來自於「嫉妒」情結。

你永遠無法控制一個人對你的嫉妒，你唯一能做、該做的就是管好自己的心，不為所動。

許多大哥總是對我不斷耳提面命：「少年得志大不幸」。這句話幾乎已經成爲我每天提醒自己的座右銘。縱使如此，以我自己的經驗，仍免不了來自同輩嫉妒的批評。剛出社會時，我總會急於解釋澄清，但後來發現幾乎沒有任何實質意義。很多事情根本講不清楚，更何況，對方只要隨便批評一分鐘，我可能需要解釋好幾個小時，最後根本無力應付。

尤其是，有些小人一眼看上去就是小人樣，我們會懂得立即啓動防衛裝置，避免受到傷害。但有些小人很擅長僞裝，平時跟你稱兄道弟，等混熟了知道你的秘密、隱私後，才在關鍵時刻發動攻擊，讓你措手不及。這是很可怕的！我也吃過幾次很大的虧，受到很大的傷害，這種經驗眞的很不好受。

直到一位董事長教導我：「**水的清澈，並非因為它不含雜質，而是懂得**

沉澱。你得學習接受批評，將它內化吸收、沉澱。鍛鍊自己不動怒的修養，是一種大氣度的表現，這是做大事的人必備的人格特質。」

剛開始學習、鍛鍊這樣的思維眞的很痛苦。要忍住閉上嘴、不動怒，眞的很難受。但經過一次次的自我提醒、警惕，到目前爲止，已有長足的進步。

後來，我想通了。如果自己只是個沒有用的小人物，有誰願意浪費口水來批評你呢？就是因爲你有所成就，足以產生威脅，才會有小人啓動烏賊批評戰術。只要你能忍住、挺住，一切流言都將經不起長時間的考驗，最後不攻自破。雜質沉澱後，清澈的水將再次顯現。你的境界將獲得提升，人格修養會再一次受到敬重。

◎批評他人，不如精進自己

後來，小朱嘗試不去辯解、爭論那些流言。他仍然維持一貫的做人處事風格，廣結善緣，幫助身邊需要幫助的朋友。而明輝發現批評效果不佳後，不旦不收斂，反而變本加厲，漸漸地周遭的朋友都看出明輝只是出於嫉妒而批評，對於明輝說的話不再採信，甚至產生厭惡的印象，相反地小朱的好修養得到了大家的讚賞，加上平時累積的深厚善緣，那些漫天的流言沒有造成他一絲一毫的傷害。

聖經說：「凡爲攻擊你造成的器械必不被利用。」你平時累積的善行、善緣，會形成一個強大的保護光環，保護著你不受傷害。所以老子《道德經》也說：「重積德，則無不克。」

明輝說得愈多，大家愈不相信他；小朱愈是不跟明輝爭，話說得愈少，甚至根本不說，大家卻愈來愈相信他。

「夫唯不爭，故天下莫能與之爭。」

——老子《道德經》

當我們見到別人比自己好，特別是年齡相仿的同輩，難免會起嫉妒心，這是人性使然。這時若出口批評，想去證明對方「其實沒大家想像的那麼好」，想要找出對方的缺點讓他被扣分，想要將對方從頭頂上拉下來，那眞的可以得到你期望的效果嗎？或只是讓我們變成大家討厭的人呢？我們眞的會因爲這樣而感到快樂嗎？

你問問自己，會喜歡交往一個整天在你面前批評別人、說別人隱私，甚至要你選邊站的人嗎？

批評永遠傷不了別人，傷的永遠是自己，尤其是你的人品。你的路只會愈走愈窄。眞的要相信，人的路都是自己走絕的！

其實，講句實在話，你內心並沒有那麼討厭那個人，那個人並沒有犯什麼錯，你眞正氣的是你自己。你氣自己不爭氣，氣自己沒本事，卻又不願意承認失敗的自己。你只是要找一個出氣筒，而那個人便是你的出氣筒。

當你認清最根本的問題不在那個人，而是在我們自己身上時，問題得到了解答。

我們不會因爲嫉妒、批評別人而變強。不斷批評，事情仍然不會改變，別人依舊那麼強，我們依舊那麼弱。當我們花愈多時間去嫉妒、批評別人，我們能精進自己的時間也就變得愈少。

不要將時間與精力花在嫉妒別人身上，當嫉妒的時間多了，精進自己的時間就少了。精進自己，才是唯一逃離嫉妒的方法。

人會比較，是正常的現象。只是，每個人都是獨一無二的，他有他的長處，你一定也有你的長處。我們常常很喜歡從別人的長處來檢視自己的短處，不斷比較後，自己愈來愈不快樂。更嚴重的是，花了那麼多時間和別人比較，想要贏過別人，卻忘記自己最獨特的本領。

不用急著跟別人比較，也不用凡事想贏過別人，你不需要這樣的方式證明自己。只要你能好好發揮自己的長處，腳踏實地一步一腳印，你不須戰勝別人。聚焦重視自己的進步，讓自己變得更強大。用欣賞的角度來讚賞別人的成功，自然可以贏得別人的尊重。

不用靠贏來證明自己，只要腳踏實地，每個人都是獨一無二的自己。

下次，當你想要開口批評別人，先反省一下自己是否是因爲嫉妒而批評。

眞的，別人的成功不代表你失敗。只要你自己夠爭氣，就能證明獨特的自己。
把時間與精力花在精進自己身上吧！

別成爲憤怒的囚徒

父親的角色，對我來說是完全沒有經驗的。在虎妞妞出生前，我對自己期許，要當一位慈祥的父親，要讓女兒深深崇拜、著迷。等她將來長大，選擇的老公一定要以最愛的父親爲榜樣。

但當虎妞妞眞的出生後，接踵而來的育兒經驗眞是讓我吃盡苦頭，所有讀過的育兒理論書籍幾乎完全派不上用場。

每次她鬧脾氣，不配合吃飯、睡覺時，總是一次次挑戰我的情緒忍受極限。最後總是會爆發，處罰了她，但每次處罰完，心情冷靜下來後，我卻又總是懊悔自己的衝動。事後檢討自己，如果可以忍住，再多些耐心好好跟她溝通，也許就不用弄得天翻地覆、一發不可收拾。

我們在職場上遇到人事的問題，何嘗不也有同樣的心理歷程與經驗？

有時，在工作上就是會遭遇白目的同事、頑固又機車的上司、天兵又自以爲是的新人。我們往往一忍再忍，不斷提醒自己要控制住，但卻總會出現壓死駱駝的最後一根稻草，最後還是爆發了。忍得愈久，爆發的力度愈是強大、慘烈！

當我們發洩完所有情緒後，看著如人間煉獄般的戰場，心裡總有些懊悔。

當你情緒上來時不要處理事情，特別是關於「人」的事情。否則等過一段時間冷靜下來後，你將無可避免必須面對、收拾被你毀滅的局面。

◉憤怒背後隱藏的是什麼？

憤怒，是一種很糟糕的情緒。我們很討厭發脾氣的自己，更沒有人喜歡易怒性格的人。每當我們控制不了憤怒的情緒，總會爲自己找個合理化的藉口，好減輕自己的懊悔、愧疚。但是，憤怒的情緒終究改不了殘暴的本質，傷害已然造成，傷痕暫難彌平，我們的心在事後往往不易平靜。

面對我們憤怒、仇恨的人，我們總有將他們妖魔化的傾向，然後合理化我們對他們的殘忍行為。但終究，我們無法獲得心靈的平靜。因爲善良與慈悲是我們的本性，無論對象是誰。

仔細想想，你遭遇過的問題有哪一次是透過憤怒得到解決？或只是把問題搞得更糟？

憤怒，是毫不掩飾、最直接的暴力。極少問題可以基於憤怒而獲得根本的解決，往往只是把問題複雜化、擴大化。

很多人總是說：「我實在控制不了自己！情緒一上來，就會憤怒、大聲吼叫。我也是不得已的。」

但每次我們發洩完憤怒的情緒後，反省整個過程，往往發現，如果可以重來一次，一定有更好的解決方法。可惜的是，我們沒有重來的機會，傷害已經造成。

爲何明明有更好的解決方法，我們卻總還是選擇了憤怒？

你很難相信，我們會選擇憤怒，是因爲我們的無能與懶惰，只是我們不願意承認罷了。

「溝通技能」本來就是非常高明、難以學習而罕見的，只有極爲勤奮、頂尖的人能精通。我們一般人會的只是「最原始」的溝通模式，就是發脾氣、發洩憤怒，壓制弱小的一方，要求他們屈服於我們的權威下。

◎看見憤怒的慣性

如果，你面對的對象是上司、老闆或很重要客戶，你眞的會輕易爆發你的「憤怒」嗎？

你應該常常看到許多人，明明正在和對方激烈爭吵，雙方劍拔弩張、氣氛緊繃，但其中一方在接到老闆或重要客戶的電話時，一瞬間他的憤怒情緒就消失了，甚至不可思議的面帶微笑、和顏悅色地講完那通電話，縱使仍以犀利的眼神瞪著對方，但講電話的口氣異常溫柔。這代表，憤怒是可以控制的。我們不必然要被它控制，或者說我們不應該永遠把憤怒當成難以抗拒的藉口。

其實，我們只是習慣了選擇使用「憤怒」當成解決問題的工具，我們習慣透過最簡單、粗糙、直接、暴力的憤怒，來控制並使對方屈服。

只要我們願意訓練自己、鍛鍊意志，就能有更好的選擇，也讓自己變得更有智慧。

當我們心裡開始醞釀憤怒的情緒時，我們會逐漸看不清現實。就像一大片烏雲籠罩，一場難以收拾的大雷雨即將來臨，如果我們沒有盡速抽離，就會深陷其中。最後，大雷雨爆發，我們成爲了被憤怒情緒綁架的「囚徒」，失去了自我。

想要在大雷雨中力挽狂瀾是非常困難的，就像達到頂點煮沸的開水一樣，我們唯一能做，就是在剛開始感受到自己內心升起一絲憤怒情緒時，立即將自己抽離。就像看到天空開始出現烏雲時，盡量從遠處觀察這憤怒烏雲，讓自己跟負面情緒保持距離，你會看得更清楚，更能覺察憤怒情緒的缺陷。

只要你離得夠遠，你就能削弱憤怒的情緒。重新檢視整個局面，讓自己保持平靜。只要不達到沸點、不深陷暴雷雨中，我們就有機會戰勝自己。

◎心念之流的練習

試著做個練習。讓自己靜下來，仔細觀察、感受自己的呼吸。深吸一口氣，再慢慢將氣吐出來。你應該發現自己可以靠「意識」控制呼吸。

再來，試著靠自己的意識，將你的右手食指動一動。你也應該發現自己可以靠「意識」控制手指。

我們的內心感受，是透過一個念頭接著一個念頭不間斷累積形成的。這一念接著一念，就像一條我們內心恆流不斷的「心念之流」，它決定了我們所有的情緒及感受。

我們可以透過「意識」，將我們一念一念所形成的「心流」專注到呼吸、動手指等行爲。也就是說，我們可以透過「意識」，將我們的「心流」從憤怒的情緒中抽離，轉移專注到別的地方，例如平靜的呼吸。

如果你願意，再進一步試著閉上你的雙眼，再做一次剛剛的練習。你會發現「意識」與「心流」的變化更加明顯、強大。甚至，你可以開始想像各種可能引起你憤怒情緒的情境，並讓自己透過意識控制心流的過程，感受那從憤怒情緒抽離的平靜。

這很難，但値得我們開始鍛鍊，無論是被服務生打翻咖啡潑到衣服、孩子拿筆塗鴉白色襯衫、車子被魯莽的腳踏車刮花……只要一次次的自我提醒、訓練，我們會逐漸進步，蛻變成更好、更有智慧的自己。

剛開始，我也是很難控制「心流」。但透過「有意識」的提醒，逐漸明顯地進步。現在，每當我開始被憤怒的情緒漩渦捲入，我腦海裡想到的念頭是：「我要盡快抽離，否則我又要輸了，我一定能辦到的！」這是一場「自我意志的較量」，我們不一定一開始就能獲勝，也不一定每一場都能獲勝，但至少，透過練習，我們開始有贏的機會。

當我憤怒時，第一個想到的就是「我輸了」。憤怒，代表我輸給自己的「心」。這是一場「自我意志的較量」！

◉願意改變，不當憤怒的囚徒

如果我們無法控制憤怒的情緒，在人際關係上會有很大的阻礙。當他人操弄、利用我們的憤怒時，危險就來了。而且，當我們總是用憤怒的情緒對待別人，那是否代表對方也可以用相同的方式對待我們？我相信，這絕不是我們期望的人際互動關係。但除非我們擁有個人內心的平靜，否則很難從憤怒中抽離、做到克制暴力，更難達到我們原本期盼的和諧。

矛盾與衝突永遠會存在，無可避免。我們能夠做的，就是「學習平靜面對的智慧」，這需要我們願意開始改變、學習、鍛鍊。

當憤怒產生，對自己和我們面對的人都是一種痛苦，我們都爲著憤怒而受苦。**我們不該是「憤怒的囚徒」。只要你願意，我們還有其他更好的選擇。只要你相信我們可以控制得了它，我們就能夠重獲平靜、自由的「心」。**

眞摯，是你最強大的力量

陳董是一位非常照顧我的大哥，是三重在地最有聲望的政治世家，在地服務、耕耘超過三十年。

雖然我不懂政治，但有一年的議員選舉給我留下了深刻的印象。陳董平常對地方服務非常用心，但到了四年一次的選舉，仍然都要經歷辛苦拜票走訪的過程。

阿達是一位水電承包商，一直期待可以承包陳董公司的業務。他總是無所不用其極地想辦法靠近陳董，但不知道什麼緣故，一直沒有正式承接到陳董公司的業務。

爲了全力爭取訂單，選舉自然是「表明忠誠」的最佳時機。阿達很早就大聲跟陳董承諾：「我一定會全力支持！不只全家的票都投給陳董，連公司上下都是鐵票！」陳董聽了很開心，也向他表達深切的感謝。

然而，在一次偶然的餐會裡，我無意間聽到阿達跟身旁友人的小聲談話。談話間，阿達對於陳董始終不給他們訂單多所抱怨，並表明這次選舉不會投給陳董，甚至希望陳董落選。

這讓坐在隔壁桌的我驚訝不已。因爲選舉最需要的就是掌握、精準評估各個樁腳的票數。如果阿達表面支持，實際上卻挖陳董牆角，這對於陳董很危險。

在商場上打滾久了，對於這類表裡不一的「小人」並不意外。只是，要不要跟陳董提醒小心，倒讓我猶豫了起來。畢竟，拆穿他的話，阿達一定會得罪陳董，而我也會因爲「擋人財路」而得罪阿達。這件事就只能暫時放在我心中。

終於到了選舉開票的時間。在所有票正式開出之前，沒有一位候選人有把握自己能否當選，這種心情起伏不是常人能夠承受的。然而，那年的選舉異常激烈，原本實力雄厚的陳董也遭遇許多年輕世代競爭者的挑戰。從開票之初就一路苦戰，票數始終激烈拉鋸，這讓陳董及現場的支持者面色凝重。

現場最大聲加油吶喊爲陳董加油集氣的人，正是阿達！爲了表達忠誠，阿達還在臉書跟line上實況轉播開票，並請大家爲陳董加油。所有旁人看來，都認爲阿達是最鐵的粉絲、樁腳，但在我看來卻有很深的「違和感」。

最終開票結果出爐，陳董雖然歷經波折，仍然高票當選。陳董給予阿達深深的擁抱，並感謝阿達在整個選舉過程中的幫忙與支持。阿達很開心，心裡想著，水電承包的訂單應該很快就能爭取到。

◉人脈最大的地雷

陳董一個星期有四天會和我一起打羽毛球。在球場上，我教導他打球；下了球場，換他教導我商場的實務智慧。

有一天，打完球後我們去路邊攤吃麵。陳董提點我如何注意商場上許多表裡不一的小人。他告誡我一定要有強大的「辨識能力」，否則有一天「被他們賣了」，還替他們數鈔票。

他用選戰舉例說明。他說：「在選舉過程中，會有很多人表面上跟你稱兄道弟表忠心，實際上卻不會把票投給你。這類人就得特別小心。因爲他們比直接表明不支持你的人還可怕、陰險，會讓你嚴重誤判情勢。這是商場、選戰的最大地雷。」

陳董一眼就看出我「若有所思」：「峰源，我知道你不願意拆穿別人、講別人壞話。其實，我就是在講阿達啦。」陳董大聲笑了起來。

「你怎麼知道阿達的事情？」我很驚訝地問。

「我選舉超過三十年，什麼樣的人沒見過！就憑他那兩三下伎倆想騙我？」陳董接著嚴肅地說：「峰源，我就是要以他爲例，嚴厲的教導你千萬不能跟他做一樣的事情，否則你注定要失敗！」

我終於知道，阿達苦心的安排看在老謀深算的高手眼裡，根本就是一場鬧劇，只是在搞笑。

或許，這就是阿達始終爭取不到陳董公司業務、事業一直做不大的關鍵因素。可悲的是，阿達自己似乎沒有察覺到這個致命的敗因。

許多人付出的關懷並非出於眞心，只是將它視爲「人脈交往」的工具。或許這樣的「招數」可以騙得過普通人，但對於那些商場歷練極爲豐富的企業家來說，你就像沒穿衣服的小丑一樣好笑。這也是我反覆不斷要求法羽幫的孩子們不可犯的重大錯誤！

當你將對於別人的關懷、善行算入「成本效益分析」，你就已經將你最眞摯的人格特質廉價化、低俗化。

「或許你可以一時欺騙所有的人，也可能永遠欺騙一部分人，但你卻無法永遠欺騙所有的人。」

一個人無法長久掩飾內心眞正的動機，外在的一切行爲都無法長久掩飾你內心深處眞實的人格特質。然而，這才是眞正的你，才是你與他人長久互動下的唯一基礎！

你必須先對自己誠實。當你愈誠實，你的心胸就愈開放。你心裡沒有恐懼，更沒有怕被人揭穿的焦慮感，所以當你愈誠實，也就愈有自信心。

◉「真」到極致，才有力量！

很多偉大的巨星，例如劉德華、張學友、鳳飛飛、江蕙等，除了擁有令人欣賞的演藝天賦，最重要的是他們眞誠地關心、在意他們的歌迷。

記得有一次劉德華在演唱會表演時，發現台下的保全人員爲了保護他，將一位想要靠近的女歌迷推倒在地，劉德華立刻跳下舞台去將那位歌迷扶起來，並當場嚴厲要求保全人員不得再做出類似的行爲。

鳳飛飛在去世前，交代家人不要在過年前發布死訊，因爲不希望歌迷帶著她的死訊悲傷過年，她希望所有歌迷們永遠記得她的歌聲，她留給歌迷的遺言是：「希望下輩子再唱歌給你們聽。」

這些行爲已經超越利益計算，是一種眞誠的在意與關懷，一種如家人般的互動與感受。

要得到一時的成功不難，只需要努力和一些運氣；但要獲得持續長久的成功卻很難，因爲你必須擁有眞正的實力，更重要的，你必須擁有極爲「眞誠」的動機。

你內心深處的動機，決定了你是一個什麼樣的人。人只有「真」到極致，才有力量！

商場上充斥著許多爾虞我詐，因此「眞摯」就更顯得稀有、珍貴。與別人相處時，你對於別人內心眞正的動機，對方一定能感受得到。

你眞心希望身旁的這些人過得幸福快樂嗎？你所給予的幫助與關懷，是你的手段還是目的？

一個人想要獲得成功，所依賴的不是自己多厲害，而是身邊有多少朋友眞心希望你成功，願意對於你的成功貢獻心力。然而，只有你先眞心希望別人成功、過得幸福快樂，眞心願意對於別人的成功與幸福快樂貢獻心力，別人才會回饋給你同樣的行動與感受。

眞摯，便是你最強大的力量，可以如入無人之境與任何人交往、交心。
我們不是爲了從別人身上「獲取」交情，而是願意「付出」自己、幫助他人，
建立彼此相互依存支持的成功與幸福。

真摯，可以讓你直達人心。

PART 3

慈悲助人是我們的本性

每個出現在你生命的人，都是必然，不是偶然

艾俐和越宏，正坐在師大夜市最有名的薏仁湯攤位上。

「越宏，你先幫我去燈籠滷味排隊。」艾俐說。

「好，你慢慢吃，我去排隊。薏仁湯的錢我已經付了，等一下你直接過來找我就可以了。」越宏溫柔地回答。

「記得幫我點最愛的粉肝喔！」艾俐喊著。

「我知道啦！」越宏也開心的大聲回應。

燈籠滷味一直是艾俐的最愛。每到師大夜市，越宏一定會替艾俐去排上好久的隊，讓她可以吃到最愛的滷味。

艾俐和越宏，是同一所高中的學長、學妹。

艾俐，有著一百六十五公分的身高，長的跟張鈞甯有些神似，不同的是，她留著俏麗的短髮，看起來更加清秀、靈氣。因爲家境不好，她非常努力念書，希望考上好大學，成績一直保持在全校前幾名。也因爲艾俐在學校功課好，人又長得漂亮，在學校一直是無數男生追求的女孩。

越宏，是艾俐在康輔社的學長，身高不高，大約一百六十八公分，身材壯壯的，雖然沒有出眾的外形，但爲人善良，又常熱心幫忙許多人，所以人緣很好。因爲家境不錯，他並沒有特別的壓力，也就沒有將心思放在課業上，特別喜歡動漫、公仔，有任何展覽排再久的隊，也絕不錯過。

越宏大艾俐一屆，在艾俐進入社團的第一天起，就深深爲她著迷，卯起全力追求，百般討好。一開始，艾俐理都不想理他。就這樣拚命努力了兩年，在越宏要高中畢業前，艾俐答應了他的追求。越宏開心到完全念不下書，很「自然」的考上了一所普通的私立大學。

隔年，認眞的艾俐不負眾望，閃亮亮地考上了台大財金系！

進入大學後，越宏每天早上七點準時出現在艾俐蘆洲家門口，接艾俐上學吃早餐，到了下午五點也準時出現在公館台大校門口，接艾俐放學吃晚餐。對於艾俐，越宏跟小叮噹一樣，隨叫隨到，任何願望都能達成。他們的相處上，越宏是百分百的禮讓、體貼艾俐。從旁人的眼光看來，越宏對艾俐的好眞的是一百分，好到無可挑剔。雖然他們相處起來，一直由艾俐占上風，縱使艾俐有時任性、有時頤指氣使，但因爲越宏很愛她，所以一切都願意忍受。

只是，艾俐在意的並不是這些。

◉期待有個稱頭的男女朋友

艾俐希望越宏可以認眞念書，多花一些時間在課業上，未來才能有所成就。艾俐總是叨念他，而越宏也盡力配合，只是每次到圖書館約會念書時，越宏總是準時在四十五分鐘後「自然」倒頭睡著。尤其，在他假裝查資料上網的電腦頁面上，常看見一個個網路連載漫畫，眞是讓艾俐好氣又好笑。

當越宏大四時，艾俐想盡辦法鼓勵他。無論是貼心做點心、愛的抱抱等，只要越宏願意多花一些時間念書，她就開心。她就像媽媽一樣緊迫盯人，深深期盼越宏可以考上好的研究所。畢竟，在她心裡，越宏是她第一個男朋友，他希望他可以更「稱頭」，不要輸給別人。

終於，研究所放榜了。越宏考上政大某研究所，雖然在政大排名不是很前面，但至少有著「政大」這招牌，讓艾俐覺得「勉強」可以接受。只是越宏的心裡知道，他自己考上這個研究所，多少帶點運氣成分。對於畢業，他一點把握都沒有，更何況，這個所的專業領域，他一點興趣都沒有。當初，他只是挑最冷門、錄取率最高的報名。

果然，一個學期過去，越宏被當的一塌糊塗！被退學了！艾俐氣急敗壞指責越宏，越宏沒有回話，只是靜靜挨罵，但心裡卻有一股忍受已久的壓抑……

越宏爲了安撫艾俐，狠狠地承諾下學期一定重考更好的研究所！只是他自己心裡明白，這是不可能的……

艾俐心裡有個直覺，或許越宏不應該是她一生的依靠、歸宿。她心裡想著，或許該找一個最佳時間點結束這段感情。

上天送給人類「直覺」這個禮物，它往往能替我們精準預測未知的結局。

◉當相處只剩下壓力……

一年後，越宏沒考上，艾俐畢業了。

艾俐因爲大學成績優秀，很快就被一家上市公司錄取。進入職場後，因爲是新人，一切都要學習、適應、承受很大的壓力，她對於越宏的耐心愈來愈低，期盼他出人頭地的壓力卻愈來愈緊迫。

雖然越宏仍然每天準時接送艾俐，漸漸地他們的話變少了。對於艾俐的叨念，越宏也像應付媽媽一樣的冷淡，而艾俐也變得像他媽媽一樣，懶得講了。

隔了半年，艾俐的試用期滿。優異的表現，讓她晉升爲正式員工，而且被副總帶在身邊親自教導。她在職場上的路正要踏上正軌，她的前途一片光明。

晚上下班時，她異常地給了來接她下班的越宏一個深深的擁抱。原以爲越宏會很感動，但越宏似乎有點冷淡、有點不知所措。

「艾俐，我心裡一直有件事想跟你說。很久了，但一直不知道該怎麼說出口？」

「什麼？」艾俐極少有這種不安的感覺，因爲越宏一直是她安全感的來源，但今天內心卻湧起一股害怕的情緒。

「我……」越宏吞吞吐吐地說：「喜歡上美玲了。」

「你說的是學妹美玲？那個長相普通、功課普通的女孩？」艾俐瞪大眼睛，不可置信地愣住了，語氣非常激動！

「已經有半年了，她對我很好，很崇拜我……」越宏慢慢地回答：「這種感覺很奇妙，我說不上來，就覺得很舒服、沒壓力。」

「你們怎麼可以這樣對我？」

「我也不知道，我還是很愛你，但說實話，壓力很大……」

艾俐狠狠給了越宏一巴掌！

越宏靜靜地，沒有多做解釋……

「所以你要選擇她，放棄我？我們五年的感情，算什麼？」

「請給我一點時間。我心也很亂，不知道該怎麼做。」

他們倆人都沒有說話。艾俐一直哭，越宏一如往常送艾俐回家。

在艾俐家樓下，艾俐上樓前抱著越宏說：「不要放棄我，我眞的很愛你，好嗎？」

越宏傻住了！這是他們交往五年來，第一次聽到艾俐求他。

他沒有回答，只是慢慢戴上安全帽，騎車回家。

看著越宏騎車離去的背影，艾俐蹲在公寓的門口嚎啕大哭。

人總自以為堅強，其實，只是還沒遭遇自己內心深處真正的脆弱。當不幸遇上了，就在這一刻，你將遇見最真實的自己。

◉不願面對的真實

艾俐回到家後，忍住內心的痛苦。她不想讓辛苦工作的爸媽看到自己傷心的樣子。回到房間後，她一直等待著越宏的電話，期望這一切都是假的，期望在睡前可以一如往常地跟他通話。

當事實發生的瞬間，人們往往不能接受、不敢接受，希望一切不和諧的境遇可以消失、可以回到事情發生前安然無事的狀態，但這是不可能的，命運將用更強烈的手段，讓你接受現實。

那晚等到凌晨兩點，艾俐始終沒有等到越宏的來電，傳了無數的 Line，都是已讀不回。她默默流著淚，在不知不覺中睡著……

隔天一早，她刻意起了大早打扮自己。依舊期望可以跟往常一樣，在推開公寓大門的瞬間，就能看到越宏坐在摩托車上等著接她上班。縱使心裡知道，應該不可能，但她仍抱持一絲絲的希望。

「越宏！」艾俐驚喜地喊著！

沒想到，越宏竟然一如往常出現，等著接艾俐上班。艾俐衝上前給越宏一個深深的擁抱，彷彿昨晚的一切都沒發生。艾俐也不想討論，因爲她希望這一切都是假的，一切都會沒事。

晚上，越宏依舊來接艾俐下班。

「我們能不能當朋友，你也去找眞正適合你的男生。」越宏主動提起艾俐不想談的話題。

「不，我只要你，我可以原諒你的背叛，只要你好好結束跟她的關係，我會既往不咎。」

艾俐努力地說服自己，越宏仍然是愛她的，他只是一時糊塗走錯了路，他不可能選擇一個什麼都不如她的女孩。

我們每個人都會遇到問題，這時，你有兩個選擇。第一，誠實面對問題；第二，自欺欺人，逃避問題。

我相信，絕大多數人在理智上都會選擇第一個。可惜，情感往往在關鍵時刻戰勝理智。每個人都知道應該要面對問題，但面對問題是痛苦，逃避問題是愉快、舒服的。所以無數人最後都選擇了自欺欺人。

◉失去味道的感情

這樣渾沌不明的關係與互動維持了幾個星期，艾俐與無數朋友討論、訴苦，每個朋友都建議她斷了這段感情，不要再跟越宏有聯繫。畢竟，她心裡不早就有想要結束這段感情的準備了嗎？更何況，現在是這男人劈腿！

艾俐的理智告訴自己，朋友們說的都是對的，很有道理，或許我該趁這次機會斷了這段感情，我不能再跟他有任何聯繫，絕不能……

「你吃飯了嗎？」到了下班時間，電話那一端傳來越宏熟悉的聲音。

「還沒……」

「我們去師大夜市吃滷味。」

持。

「好……」艾俐的情感再一次戰勝了理智，她的理智只維持了三秒的堅持。

理智與情感的鬥爭、拉扯，會顛覆你的意志，亂了你的心！這樣的反覆拉扯，將耗盡你的精力，讓你一切的生活步調陷入混亂！

到了師大夜市，越宏很自然地牽起艾俐的手，她沒有拒絕。到了燈籠滷味，兩人也共吃一盤滷味，一如往常。

只是今晚，艾俐絲毫吃不出滷味的味道。

艾俐忍不住打破沉默：「做出選擇了嗎？」

越宏回答：「我心裡比較愛妳，但她對我很好，讓我沒有壓力。我希望我們仍保持朋友關係，好嗎？」

「朋友走路會牽手？會一起吃一盤滷味嗎？」

越宏沒有回答這個問題，沉默了……

人生最難的不是努力獲得，而是懂得有智慧、仁慈的放棄。

我們總希望獲得新的感情、機會，卻又捨不得放棄手上緊握的一切。畢竟，當時得來不易，這是人性使然。殊不知，往往就是這種心態，害了自己也傷了別人。

艾俐現在每晚回到家，總等著越宏打電話來或傳 line 給她。等了好久，總是失望。她開始想像越宏跟美玲正在熱戀甜蜜的情景，牽手、擁抱、接吻、甚至……上床！

艾俐趕緊打斷自己的想像，因爲心裡太難受、想哭。她告訴自己，越宏一定是愛我的，而我也深愛著越宏，我不能失去他。

◉無法承受失敗的痛苦？

人在主導一段感情時，可以用理智判斷是否要維持或切斷這段感情。但當你在沒有任何心理準備下突然失去時，你會因爲情感戰勝理智而產生誤解，誤認這段感情對你是不可或缺，你會將這種害怕失去的狀態，解釋爲「愛」。

艾俐不斷傳訊息給越宏，告訴他只要他願意回頭，她什麼都不計較。她不會再像過去一樣強勢，她會像小女人一樣依偎在他懷裡，她什麼都聽他的。眞的，只要越宏肯回心轉意，艾俐願意付出一切代價！

永遠不要在承受巨大壓力下，被迫做出讓步。這樣的讓步往往「多了」，而且不理智，更重要的是，於事無補。

越宏始終沒有給艾俐正面答覆，只是跟以往一樣與艾俐互動，跟一般情侶沒兩樣。艾俐心裡充滿混亂，卻又不自覺接受。這種曖昧不明的肢體接觸，是現在她獲取安全感的方式，也是她唯一能說服自己，越宏還愛著她的理由。

以艾俐的聰明，不可能不知道這段感情早已變質。這段感情已像餿掉的食物，爲何她仍天眞地以爲，趕緊冰入冰箱保存就可以維持它的「保鮮期」？

愈是聰明的人，當遇到嚴重的、心裡不可承受的問題時，愈會自欺欺人，愈會逃避問題。他們不願承認自己的脆弱。自欺欺人是舒服的、自我安慰的。要他們面對現實、承認自己的失敗，畢竟是太殘忍、太痛苦。

艾俐將傷口蓋起來，選擇逃避……

越宏是愛我的……

今天是越宏的生日。艾俐爲了給他一個驚喜，特別在一個星期前就跟媽媽學了幾道菜，這是她第一次下廚。天眞的她，認爲這樣越宏會很感動。

一大早，艾俐去傳統市場採買，拎著大包小包來到越宏位在至善路別墅家門口外等著。

約莫過了一個多小時，外面逐漸熱起來，艾俐壓抑內心的不耐煩，就像以往爲了考試的勝利而壓抑自己一樣。這場競賽我一定會贏。越宏一定會選擇我。

遠處，出現了越宏父親的賓士S三五〇高級轎車。車子緩緩駛近別墅門口，當越宏和父母、美玲一同下車時，艾俐愣住了！

越宏攙扶著美玲，美玲小腹微微隆起，穿著一件深藍色連身孕婦裝！

她！懷孕了！

越宏看見艾俐時嚇了一跳！但他隨即恢復冷靜，上前輕撫她的頭髮，將她手上的東西接了過來。

「乖，你先回家，別想太多。」越宏淡淡地說著。

看著越宏父母扶著美玲進去他家，她一句話都說不出來。原來，我跟白癡一樣。我輸了……

艾俐轉身離開，彷彿全世界都靜止了。瞬間，她覺得自己輸得很徹底，一輩子以來最大的潰敗。

◉看見生命的出口

當劇情繼續發展，情況繼續惡化到你無法逃避、不得不承認事實時，你再也無法欺騙自己。你被迫赤裸地走出自己躲藏已久的高塔，縱使外面的陽光很刺眼，終究要面對。

回到家後，艾俐把自己關在房間，抱著枕頭，尋找一種安全感。

好安靜，靜到艾俐可以感受到自己的吸氣、吐氣、心跳聲。內心的憤怒感、失敗感、被背叛感……混雜翻滾著。越宏背離了她，世界拋棄了她……

她崩潰了……

她緩緩拉開抽屜，拿出美工刀。推出刀片，靠近自己的手腕……她知道自己不應該這麼做，她知道割下去會很痛，但她已心痛到願意接受任何痛苦。或許流血可以緩解她內心的劇痛，她一心想著就是解脫，無論付出多大的代價……

當刀鋒輕觸手腕上的皮膚，艾俐心跳劇烈加速！狂亂的心甚至讓她感到一絲興奮……她心想著：「我，終於可以解脫了……」

突然，敲門聲打斷了艾俐的思緒！

「小俐，出來吃飯，今晚有妳最愛吃的乾煎虱目魚肚喔。」母親溫暖的聲音，硬狠狠地讓艾俐把手上的美工刀丟到地上。

艾俐擦了擦眼淚，起身，走出門，吃飯。

她不再自私想了斷自己。她懂，這世上她從來就沒有孤獨過，因爲她有最愛她的父母，她不該做出讓父母傷心流淚的事。從小到大她一向如此，現在、未來，也是！

命運總會給我們機會，讓我們頓悟，什麼才是人生最該珍惜的，這會讓我們扭轉情勢，找到生命的出口。

◉一段關係，一種成長

幾個月後，艾俐一個人來到師大夜市。在燈籠滷味排了很久的隊，也點了她最愛吃的粉肝。她吃著滷味，發現一個人吃的味道其實挺好的。

一個從小到大優秀、追求完美的人，很難忍受人生有絲毫的「瑕疵」，包含感情。總希望自己的優秀也表現在挑選另一伴的眼光上，無法忍受另一半的不完美。殊不知，這樣的心態是感情的致命傷！因為，另一伴是獨立的個體，是有血有肉活生生的人，不是從屬於你，更不是你誇耀的配件。

當你想要主導、控制別人的人生，你將註定失去。

當你將失去一段感情時，挫敗感會用一種彷彿是愛的錯覺偽裝。其實，你沒有那麼愛他，只是一種習慣、一種依賴，只是不願承認失去，更不願承認失敗！

這樣的錯覺很危險。它將蒙蔽你的理智，讓你的心狂亂，東奔西竄走向不可知的毀滅道路。你將爲此付出委屈、妥協、代價，甚至生命！

感情不是一場競賽，沒有所謂輸贏，只有適合與不適合。當你想要贏過別人，證明自己，其實，你已經是一個失敗者。

你必須對自己誠實。面對自己脆弱的那一面，承認緣分已盡。不要問爲什麼，因爲沒有爲什麼，就是該分開了。

你必須承認、接受自己的境遇，才能獲得人生繼續前行的力量！

不要恨背叛你的人，不需要將他從你腦海中的記憶消除，其實**每個人出現在你生命裡，都是必然，不是偶然。他們的出現，都代表某些意義，或許正面、或許負面，總是要教會你一些事情。**

有情，就是一種牽掛、一種責任

有些男人會將追求女孩子的過程視為一種「狩獵」遊戲，甚至市面上有不少書籍是教導男人如何「追求」女孩子。

其實，虜獲女孩子的心，是一種強烈的渴望，是一種來自原始人性的征服欲望。這種成功征服的過程可以讓人很有成就感，覺得自己的努力獲得回報，可以彰顯自己多年來奮鬥獲得的亮麗等成就。

然而，當你將虜獲、控制一個人的心，當作是自己的戰利品並引以為傲時，有一天，你會發現這樣的思維很幼稚、危險，甚至會造成終身的愧疚及遺憾。

家銘是我的朋友，很優秀，台大財金系畢業後去美國讀碩士回來，在一家外商銀行上班，人長得又高又帥，每次我們都虧他是「華爾街金童」。在公司，有無數的女孩崇拜、暗戀他，他的女朋友總是一個換過一個，每一次的「狩獵」都讓他興奮不已。就在短短幾年內，他已經湊齊十二星座的女朋友，看似多麼輝煌的戰績！

他一直有個從大學交往到現在的穩定女友紫萱，卻總是忍不住想再去追求其他女孩，如同他常說的：「女人要的是男人的全部，但男人要的卻是全部的女人！」

經過多年的交往加上家人的催促，家銘在被動的情形下與交往多年的紫萱結婚了。他斷絕了所有在外的「輝煌戰績」，除了其中一位名叫映彤的女孩。

◉美味又不黏牙的愛

映彤留著長髮、一百六十八公分高，總是一身俐落的套裝。她也是台大財金系畢業，比家銘大三屆，擁有美國及德國雙碩士，精通英、德、日語，是公司裡爬升極快、重點栽培的人才。她在很年輕的時候就結婚了，可惜另一半覺得她的優秀是一種難以負荷的壓力，結婚不到五年就以離婚收場，兩人並未生育子女。映彤是家裡的獨生女，家境很好，父母都是大學教授，卻在這幾年間相繼生病去世。雖然她在事業上得意，心裡卻很空虛、無助。

因爲工作上的合作關係，家銘和映彤認識了，也偷偷交往了……

映彤和其他小三不同，從不主動打電話或傳訊息給家銘。因爲自己有非常好的收入，所以也從來不會要求家銘買禮物送她，反而是她會主動買一些精品送給家銘。在小三最尷尬的節日，例如情人節、聖誕節等，她也從來不會因爲家銘不能陪伴而鬧脾氣。

她跟家銘說：「你只要有空想來找我，我就會在，你如果出國出差想要我陪伴，我就請假，我會靜靜等待你。」

對家銘來說，映彤就是傳說中小三界的極品——好吃又不黏牙，這是提著燈籠都找不到的啊！

也因此，他沒有因爲結婚而斷絕與映彤的交往。因爲映彤從來不主動與家銘聯繫，紫萱自然無從查起她的存在，這段婚外情就一直持續下去。

就這樣過了大約六年的時間，這三人都相安無事，家銘只有在想到映彤時，會跟他約在汽車旅館見面，或者是出國出差前，通知映彤時間、地點、飯店，映彤就會準時出現在那個地方。家銘享受著齊人之福，這段期間，他與紫萱也相繼生了一男一女，生活過得很幸福。

直到有一天夜裡，映彤打了通電話給家銘。

◉兩難境遇的抉擇

家銘嚇了一大跳，因為映彤從來不會主動打電話給他，而且還是在夜裡！家銘顯得有些緊張，他笨拙地假裝是公司同事打來討論公事，走出了陽台外。

「怎麼了嗎？」

電話的那頭異常的安靜，只聽得見映彤小聲啜泣的聲音。

「怎麼了嗎？」家銘再一次詢問，心裡也開始顯得不安了起來。

「對不起，我知道我不該打電話給你，但我眞的不知道該跟誰說……」

「發生什麼事情了？」

「我……幾個月前，覺得胸部不太舒服，觸摸起來有腫塊，原本不以爲意，但後來眞的很不舒服，所以上個星期到醫院檢查，今天下午看到檢查報告……」映彤再也忍不住大哭了起來：「確診是乳癌末期！我很害怕，不知道該跟誰說……爲什麼是我……」

家銘的心也跟著揪了起來，雖然當初認識映彤也只是抱持玩玩的心態，但經過這麼多年的交往，人都是有感情的，加上他知道映彤的父母親都已經去世，這世上她已經沒有親人，這時的她心裡一定很恐懼、很孤單。一想到這裡，家銘的心也非常同情、難過。

但這時，家銘陷入兩難的境遇。

如果完全不理會映彤，當作不關自己的事，反正只是小三嘛，就分手，分得一乾二淨，可是這樣跟禽獸有什麼不同，何況這麼多年來，也是有感情的。但如果去照顧映彤，陪伴她走完人生最後一段路，那怎麼可能不被紫萱知道，自己又該如何跟紫萱交代呢？

家銘的心被這件事糾纏著，一夜又一夜的失眠，心裡混雜著責任感、愧疚感。

最後，家銘鼓起了勇氣，決定跟紫萱坦白，承擔起這個身為「人」應有的責任，他希望可以照顧映彤。他已經做好被「颶風」掃過的心理準備。

◉承擔愛的責任

沒想到，紫萱竟然平靜地跟他說：「其實，這段期間我早就發現你不對勁了，一直在等待你跟我坦白，看你是否勇於承擔及面對責任。如果，你選擇在這艱難的時刻拋棄她，我會看不起你，也會一輩子對你產生懷疑，因為也許有一天，你也會在某個艱難的時刻拋棄我。」

家銘聽到這段話後落下了男兒淚，他緊緊抱著紫萱，心裡充滿愧疚感。最後，家銘照顧了映彤，讓她最後一段路並不孤單。半年之後，映彤平靜地離開了。

不要輕易對人動情，也不要讓別人對你動情。動了情，不是輸家；讓別人動情，也不是贏家。愛情，不是一場競賽，不是勝、敗這麼二分法。有情，就是一種牽掛，就是一種責任。當你想懂這件事，你就長大了，成熟了。

見證「寬恕」的驚人力量！

昭伶是台南人，讀高職時在飲料店打工，認識了台南一中的男孩志傑。昭伶很欣賞志傑的才氣，覺得他氣質很好，又很會念書，兩人很快地談起戀愛。

志傑後來很爭氣考上國立大學會計系，讓昭伶備感驕傲，覺得成為他的女朋友真是很大的光榮。兩人在大學四年感情穩定，因為昭伶高職畢業後就沒再升學，直接出社會工作，所以一直以來，這對小情侶的經濟開銷，都是仰賴昭伶多一些。

當志傑大四畢業服完兵役後，就要面對所有會計系學生的宿命——參加會計師高考。昭伶心裡當然很期盼志傑可以考上，希望未來兩人可以過上幸福美滿的日子，所以她跟志傑說：「你放心去準備考試，錢的事情不用擔心，我會努力工作。」志傑很感動，每天從早到晚努力在圖書館念書，希望一年後就拚上！

一年後，志傑卻不幸落榜了。

昭伶知道會計師高考本來就很難一年考上，所以她給了志傑更多的鼓勵，希望他提振精神，再全力好好拚一年。這一年，昭伶依然努力在電子加工廠工作賺錢，志傑依然從早到晚在圖書館拚命念書。

又過了一年，志傑眞的拚上了！

放榜那天，昭伶與志傑相擁而泣。志傑對於昭伶多年來爲他所做的犧牲，心裡充滿感激，那滿滿愛意的眼神讓昭伶心頭感到溫暖，也對彼此的未來看到了曙光，多年的努力終於盼到頭了。

經過兩年實務的訓練後，志傑正式成爲執業的會計師，他們倆人也步入禮堂，修成正果。

會計師豐富的收入，讓昭伶不必再到電子加工廠上班，可以專心把家裡照顧好。一年後，兩人的寶貝女兒亭禹誕生了，這簡單幸福的家庭生活，羨煞了許多朋友。

◉分歧的關係

因爲志傑很努力，不到兩年就被長官提拔進入特殊編組單位，專門負責跨國企業的上市案件。這是未來升遷的重要歷練，他的事業一片光明，卻也承受著強大的工作壓力。

漸漸地，志傑回到家後跟書讀不多的昭伶沒有話講，昭伶也難以理解他在工作上承受的壓力。後來，志傑有時就直接睡在辦公室裡加班，不回家了。有一天，昭伶從手機簡訊中發現志傑跟一位女同事非常曖昧，心裡很受傷。沒想到，志傑不但沒有道歉，反而開始嫌棄昭伶，甚至有時還會在惱羞成怒的情形下，動手打昭伶。兩人的關係逐漸降到冰點。

昭伶心裡開始有了家暴的陰影，爲了保護女兒，她想要脫離這個家庭。昭伶鼓起勇氣跟志傑提出離婚的要求，沒想到被志傑拒絕。她到法院訴請離婚，法官最後雖然判准，卻將三歲多的女兒監護權判給了擁有會計師職業的志傑！

一想到將近十年感情的付出，竟然換來一無所有地被趕出家門，昭伶心都碎了，連哭都沒有力氣。雖然在法律上昭伶擁有探視權，但志傑卻用盡各種技巧間接阻礙昭伶探視心愛的女兒，一切只爲了報復昭伶向法院訴請離婚，讓他很沒「面子」！

昭伶身上沒有任何積蓄，學歷又只有高職畢業，加上年紀已近三十，很難找到一般工作，在沒有選擇下，經過朋友介紹，進入了房地產代銷業，擔任代銷業務員的工作。但因爲昭伶的口才不好，書也讀不多，不好意思跟別人推銷房屋，業績並不好，只能賺取很微薄的收入。

就這樣過了快兩年，有一天，志傑打電話給昭伶，希望將女兒的監護權約定給她。昭伶嚇了一大跳，心想爲何他突然這麼好心？原來，志傑想要追求新的女朋友時，發現每個女孩只要看到他有一個三歲多的女兒，自然就拒絕了志傑，沒有人想當「後母」，於是女兒成爲他追求下一段「幸福」的絆腳石。

雖然昭伶很擔心自己養不起亭禹，但她眞的很愛很愛亭禹，她不管那麼多，她要把握這次機會。於是，志傑將女兒送到昭伶身邊，志傑終於可以放手去追求他所謂「自由」的幸福，而昭伶卻因爲母愛而承受「不自由」的幸福。

◉在愛與恨中奮力生存

昭伶看著可愛、天眞的女兒，心裡充滿幸福，但一想到該怎麼養活母女倆人，心情就沉重了起來。如果要專心工作，就得把女兒送到幼稚園。但她付不起幼稚園的費用，如果要自己帶女兒，那如何工作養家呢？昭伶想著這個頭疼的問題，看到桌上一張張水費、電費、瓦斯費、電話費，還有下星期三要繳交的房租，不禁哭了起來，頓時感到無助又心碎。

某個夜晚，昭伶因爲經濟壓力大，心情低落。六歲多的女兒看到媽媽心情不好，慢慢靠近了媽媽。剛開始她依偎在媽媽懷裡，安慰著媽媽，慢慢地，她將手移到了媽媽的下體。剛開始媽媽不以爲意，沒想到女兒竟然撫摸了起來，媽媽驚嚇之餘，立刻將女兒的手抓起移開，大聲問：「你知道你在做什麼嗎？」

女兒被媽媽突然大吼嚇住了：「我知道啊，我知道媽媽心情不好。以前跟爸爸住的時候，爸爸只要心情不好，就會叫我摸他下面，他說這樣他心情就會好，」女兒哭著說：「我只是希望媽媽心情好起來……」

昭伶久久說不話來，心裡卻瘋狂叫喊著：「畜生！畜生！畜生！」她的眼淚狂流，心裡充滿仇恨。她告訴自己，一定要堅強起來！要努力賺錢，要母女倆可以好好活下去！

愛與仇恨，是一個人願意拚命的最大力量！

現在的昭伶，同時具備了這兩者。

隔天，她擦乾了眼淚，去銀行辦理一筆小額信用貸款，打算先度過這段艱難的時刻。她決定從今天開始，帶著女兒一起出門拜訪客戶。反正已經走投無路，也沒有什麼身段不身段、面子不面子了！

一個人的成功，往往不是因為擁有很多選擇，反而是沒有選擇、走投無路給逼出來的！

◉從仇恨的枷鎖中解脫

沒想到，當客戶看到昭伶帶著亭禹一起來拜訪時，不但不覺得突兀，反而因爲亭禹的可愛，孩子的笑容融化了許多客戶的心，訂單一件件簽成了。

過了一段時間，昭伶把貸款還清，終於能將女兒送到幼稚園上課。她自己也很認眞，不斷進修各種課程，考取一張張房地產證照。母女倆的日子逐漸穩定下來，雖然工作壓力很大，但爲了女兒，一切都值得。

好幾年後，昭伶達成了百萬代銷業務員的成就。省吃儉用下，買了間房，加上亭禹很懂事，母女倆過著很簡單、平凡的幸福生活。多年來，昭伶也第一次眞正感受到幸福。

幸福往往不是天上掉下來的，通常是歷經過苦難的人，才能懂得在簡單、平凡的生活中，洞察、淘選出那早已存在的珍貴幸福。

十幾年後，現在的昭伶是人人敬重的代銷業前輩。她不僅是千萬級收入的代銷業超級業務員，更是國內代銷界的傳奇人物。

我曾問過她，恨志傑嗎？

她說：「以前的我，恨啊！恨到徹夜難眠。但我後來頓悟，他是我的『逆增上緣』，是我奮鬥的動力。沒有他，也沒有今天的我。經過了十幾年了，我老了，亭禹已經平安健康長大，也很懂事、很爭氣，現在已經在當醫生救人。看著現在我擁有的一切，我知足了，也寬恕了、放下了。」

仇恨，或許是一個人拚命、努力的理由，但就只讓它成爲你的動力就好。當別人殘忍對待我們時，不代表當我們有能力時也要殘忍的報復對方。有一天你會明白，**仇恨永遠無法回復你受過的傷害，更無法挽回任何事**

物。無止盡的仇恨，無法傷害別人，最後只會傷害你自己，只有你願意寬恕對方，你才能將自己從仇恨的枷鎖中解脫出來。

放過自己吧！你值得自由的人生，幸福美滿的未來正等待著你。

◉傷痛後，選擇寬恕的大智慧

志傑後來因爲一件與同事間的桃色糾紛，被迫離開了跨國會計師事務所。自己開業後，卻也因爲聲譽不佳，事務所的生意始終不好。遭受打擊的他一蹶不振，整日酗酒，雖然四十幾歲正值壯年，卻有著嚴重的肝病與腎臟病，必須過著無止盡的洗腎生活，日子過得有些潦倒。再也沒有女孩子願意跟他交往了……

當我知道昭伶曾透過朋友，私下在金錢方面資助他，也替他安排醫護人員，讓他的生活至少過得下去，這讓我深切見證、感受到，寬恕的強大力量！我相信，這正是昭伶今日有著不凡成就的關鍵。因爲，一個始終背負沉重仇恨的人，路是走不久、走不長的。唯有寬恕，能讓你卸下重擔，帶著輕盈的腳步，邁向正大光明的未來。

當我們歷經傷痛，而要選擇寬恕，你我都知道很困難，但它卻是眞正的大智慧，能讓我們擁有更自由、平靜、強大的自己！**相信自己善良的本性，你就能見證寬恕的驚人力量！**

傷痛在哪裡，幫助別人的契機就在哪裡

法羽幫的幫聚裡，孩子們都會與大家分享每個月遇到的事情，有快樂也有痛苦。孩子們常問我，爲什麼人活著要遭遇這麼多不開心、悲傷及痛苦？我們除了面對及承受這些痛苦，還能帶給我們什麼積極的意義？

曾經有一段時間，我不喜歡接下談論我成長故事的演講，我不喜歡一次又一次和許多人談到我曾歷經的故事，因爲這些故事裡有著我許多傷痛、遺憾、對生命的掙扎與對抗。每一次與聽眾談起，就要將這些好不容易結痂的傷口再一次掀開，雖然這些故事可以打動許多人，但對我而言，卻仍難掩每一次內心深處的悸動。

直到有一天，我在星巴克喝咖啡，遇見隔壁桌一位年輕母親帶著一個約三歲大的小女孩和一個大約一歲大的小男孩。小女孩很調皮，不斷地爬上爬下，小男孩可能因爲沒睡飽，瘋狂地大哭。這位母親一個人對付兩個人，顯得很不知所措。

我觀察到，其他桌的客人對這場景顯得很不耐煩。他們希望孩子趕快安靜下來，不然就趕快滾蛋，不要打擾到自己悠閒安靜的下午茶時間。

就在這瞬間，我竟然發現自己一點都不覺得他們吵，反而很能感同身受這位母親的難處。因爲自己有兩個年紀相仿的女兒，也能理解這兩個孩子爲什麼吵鬧。當我隨手從包包拿出一個小玩具逗弄那一歲大的小男孩，他的注意力被我吸引住，逐漸安靜了下來，沒多久便笑起來了！當這小男孩不再哭鬧後，這位母親終於可以空出手來好好「對付」小女孩，沒多久，兩個孩子都安靜了下來。

那位母親對我報以感激的眼神，連聲道謝，這讓我心頭感到溫暖。因爲我的小小善行幫助了這位母親，讓我覺得這個下午過得有意義，心情也跟著好了起來。

我之所以能夠對這位母親產生「同理心」，是因爲我有著相同的背景。我也有兩個寶貝女兒，也曾遭遇類似的窘境與煩惱，所以我會更願意幫忙。**我們對有同樣痛苦的人會有最大的同理心，讓我們更願意幫助他人脫離痛苦。**

仔細回想，我發現自己對於貧困家庭的孩子有著很強大的激勵作用；對於遭遇父母深受病痛折磨的親人，有著溫暖、感同身受的安慰作用。因爲我曾經歷過這一切，可以理解這過程中可能產生的難處與困難，更能悲憫這過程中可能遭遇的生離死別，還有無可逃避的悲傷與命運的無奈。

我終於理解，我們曾經遭遇的傷痛在哪裡，我們幫助別人的契機就在哪裡。這些傷痛是產生同理心的堅實基礎，我們可以因此走出自己，進入他人的生命。

◉痛苦的正面價值

這樣的啓發，讓我重新檢視自己演講的意義。雖然，每次演講自己的故事都得再一次講述過去歷經的傷痛，但也因爲這些過往的傷痛，以及挺過一個個難關的經歷，讓我能夠深切傳達這些生命中的歷程，眞摯打動台下無數的聽眾，帶給大家正向的人生價值與思維。

當我體悟到這樣的意義時，我發覺自己講述過往的經歷時，心不再那麼痛了。因爲，我已經知道過往的傷痛有著強大的正向意義。老天讓我們受苦，就是要讓我們擁有幫助他人的機會。同理，撫慰那些曾經歷相同傷痛的人們，帶給他們希望，讓他們相信一切都會過去、一定可以挺得過來、可以更好，甚至將傷痛轉化爲幫助他人的力量，會讓一切顯得意義非凡！

當我們從痛苦中找到正面意義，這些痛苦就能減緩，甚至我們有一天會感謝這些經歷，因為它讓我們產生了幫助別人的能量，讓我們找到生存的意義。

這一切讓我感覺到，自己是能夠做些事情的。能夠爲這社會貢獻一點點能量，讓我打從心裡覺得「自己是有用的」！

從那一刻起，我變得更有勇氣去面對人生中無可避免的痛苦。因爲我知道，老天會這樣安排，一定有祂的道理，我必須賦予每一次傷痛正面的意義。努力理解這背後的一切，讓我一次次撐過難關，一次次強大了自我的能量，讓我得以幫助更多的人。

人會痛苦，是因為拒絕受苦。當我們相信每個痛苦一定有它的正面意義時，我們將不再受苦。相信一切都是最好的安排，我們一定能撐過，並獲得強大的助人的能量。

現在每一次接受演講邀約時，我總是告訴自己：「去吧！去告訴大家我的故事。只要聽眾可以從我的故事中獲得積極的思維，哪怕只是一句話，只要能夠帶給他們好的影響與改變，可以幫助他們，一切都是值得的。」

人的心理狀態會影響我們的行為，我們的行為也會影響我們的心理狀態。只要你願意開始從一個小小的動作幫助別人，你會慢慢發現自己開始變得不一樣。

當我想著，透過我的文字與演講可以幫助他人，我的心情就跟著快樂。

當我收到一個個讀者、聽眾、網友們給我的反饋，發現我的文字與演講眞的能發揮作用，我的心就能感受到一股暖暖的幸福，讓我的心獲得安定、平靜，我的文字與演講也就跟著更有力量！

◉為善自己先受益

我慢慢地感受到，**幫助別人所獲得的快樂幸福是持久、穩固的。行善助人不代表要自我犧牲，我們才是善行真正受益的第一人！**

我不是個天生擅長演講的人，透過努力才有勇氣站上演講台。然而，隨著知名度愈來愈高，我演講的場面也愈來愈大。

我記得，當初受邀到 Ted x NCCU 演講時，一想到要登上世界最知名的演講舞台，心裡就非常緊張。隨著演講日期的到來加上二女兒的出生，一邊照顧老婆坐月子，一邊照顧二女兒，還要一邊準備演講，心裡的焦慮難以言喻。

爲了讓自己演講得更好，我上網看過數百位 TED 知名講者的演講，期待從中學到更棒的技巧。但是，我發現自己根本不是他們，無法模仿他們，我無法像他們一樣棒。

就在不安與恐懼襲上心頭的同時，我聽見心裡有個聲音提醒著我：**我之所以要演講，是為了帶給人們一些幫助，而不是向他們表現我有多偉大！**我瞬間感受到，**助人的動機能夠克服恐懼，真誠的動機能夠消除不安。我不必過度包裝自己，也不必擔心別人怎麼看我，只要我的動機正確，一切都會順利，真誠才是最能打動人心。**

所以，最後我決定去除一切技巧上的包裝，選擇用最眞誠的態度講述自己的故事。不渲染、不誇耀、不悲情，很平鋪直述。**真誠助人的動機產生了保護作用，帶給我堅實的自信基礎，讓我在上台前能夠獲得心靈的平靜。**最後，這場演講打動了現場所有的聽眾，並在網路上獲得讓我難以想像的熱烈迴響。

◉ 我們並不孤單

人的一生無可避免都必須面臨一個個苦難。過程中，我們必須承受痛苦、恐懼、焦慮、不安等負面情緒。爲了擺脫這一切，每個人都努力嘗試各種方法，然而往往效果不彰。縱使我們擁有許多財富、權位，這些負面情緒仍如影隨形，揮之不去，有時甚至加重我們的苦難。

經過多年的體悟，我發現，**當我為他人付出時，哪怕只是一個小小的舉動，都能讓我在那瞬間感受到平靜與幸福**。當我投入幫助愈來愈多的人時，這種平靜心靈帶來的幸福感愈來愈持久、明顯、溫暖。

我們心中許多的煩惱都來自於「比較心」。例如，當我們受苦時，看到那些快樂的人我們會感覺到孤單，我們會覺得不公平，仿佛這世上只有我在受苦、犧牲。然而，當你願意去幫助別人時，你將見證、感受到別人歷經的傷痛。你會明白，這世界上不是只有你受苦，我們並不孤單，大家都是平等的。有時，對比於別人所受的傷痛，我們的苦就不足爲道了。這時，「比較心」

反而能夠緩解我們的痛苦。所以我知道自己曾遭遇、歷經的痛苦，可以緩解大家過去的傷痛，產生面對未來苦難挑戰的勇氣。

每次法羽幫的幫聚，我聽著許多孩子們述說著他們的故事，感受著他們正在歷經的傷痛。**我真心認為自己只是平凡人，但當他們告訴我，我的思維及文字給了他們很強大的支持力量時，我深深感受到自己正做著不平凡的事。**

或許，透過文字累積善行並無法賺取鉅額的財富，但可以確定的是，當我專注於寫作，讓文字像活水般源源不斷地幫助別人，經過長時間的善行累積，我的心可以體會到很深層、持續、穩固的幸福，我的心獲得世上最難得、珍貴的平靜。這是再多錢都買不到的，再多權位都爭不來的。

當我知道，自己的文字擁有緩解別人的傷痛時，我不再害怕面對自己過去的傷口，也讓我擁有承受將來更大苦難的力量。因爲我知道，**傷痛在哪裡，幫助別人的契機就在哪裡，我們不會平白受苦，一切的苦都是有意義的，一切的苦都是最好的安排！**

只有家訓可以傳世

有一次，我受邀到台北市百齡高中爲全校國一、高一的孩子演講。那天天氣非常炎熱，中午演講結束後，我快步走出校園準備搭捷運。途中，經過一塊建築工地，外面樹蔭下坐了一排赤裸上身的建築工人，正在吃著便當聊著天。

當我經過他們時，突然，聽到有人喊我：「老師！」

「您是？」我停下腳步。

「老師，您好，我兒子叫呂志浩，是您三重高中的學弟。」一位皮膚黝黑、身材壯碩、脖子上掛著一條濕透的毛巾、滿臉是汗的中年男子，他用毛巾將臉上的汗擦去，操著彰化海口音的台灣國語跟我說：「他很崇拜您，一直以您爲榜樣。我有看過您的書，寫得很棒啦！」

接著，他在工作褲上擦了擦雙手，從褲子裡拿出一瓶冰的黑松沙士：「老師，這個請您喝啦。」他黝黑的的臉龐笑得非常燦爛。

事後，我透過學校查了「呂志浩」這位學弟。

原來，這孩子現在高二，是單親家庭的小孩。母親在他小學五年級時因乳癌去世，留下他跟小學一年級的弟弟，由父親一個人當建築水泥工，將兩兄弟拉拔長大。他一直非常努力念書，成績一直保持全校前三名，而弟弟也在我母校的國中部，一直保持在班上前幾名的成績。

看來，這位父親將這兩個孩子教得很不錯。

◉阿母教我的事

這孩子的故事，讓我想起在我高中的時候，有一次學校通知要舉辦家長會。

我回家後跟阿爸阿母講，因爲阿爸晚上要出門做生意，所以只能拜託阿母參加。但因爲阿母當年小學沒畢業，認識的字並不多，連自己的名字都要寫上好久，所以對於參加家長會她一直很緊張。

那晚，阿母特別從衣櫃裡翻出壓箱的一件桃紅色、樣式規矩經典的連身洋裝，雖然有些緊繃，但終究塞了進去……

阿母到了家長會會場時，不知道該怎麼報到，好在我的導師蔣老師很快認出她來，引導她完成報到程序。她找了個最後面、最邊邊的位置坐了下來。

每個家長對於各項議題都侃侃而談，對於教育子女的方式也都有獨到的見解，阿母整場不敢發言，只是聽著大家討論。直到最後，蔣老師說：「我們最後請許峰源同學的媽媽，許周阿闇女士發表一下怎麼樣教出像許峰源這樣優秀的孩子。」

全場的家長瞬時發現，原來一直坐在角落的女士就是許峰源的母親！大家小聲討論著，紛紛將目光集中到我母親身上。

「我……」阿母漲紅了臉，「歹勢，我沒讀什麼書，也不知道該怎麼講。」

蔣老師鼓勵她：「許媽媽，您放輕鬆，不用不好意思，您的兒子許峰源，是全校第一名又是羽球代表隊，他參加各種演講比賽，能讀書又能運動，大家都引頸期盼您教孩子的祕訣呢！」

「我都在家裡幫忙，沒見過世面，連小學都沒畢業，沒什麼好教許峰源的。」阿母很緊張，一句句慢慢講出來：「只是教導他最基本的做人處事道理，都要感謝學校老師不嫌棄，幫我把孩子教得那麼好。」阿母起身向蔣老師深深一鞠躬，表達最深層的謝意與敬意。

老師、家長們沉默幾秒後，大家抱以如雷的掌聲！

回到家後，我有些擔心阿母第一次參加家長會的情況，問：「阿母，今晚情形如何啊？您會不會很緊張啊？」

「不會啊！」阿母很開心的說著：「因爲，我是許峰源的阿母啊！」阿母說完後，就哼著歌去準備我念完書要吃的消夜了。

在社會學理論中，有個專業名詞叫「階級複製」，指的是父母的社會階級所擁有的財富、權勢會複製給下一代繼承，讓下一代與同儕有不同的競爭起跑點。

我出身社會底層，對於這種階級複製有很深刻的感受。但我認爲，這只是起跑點的不同，只是在物質層面的財富、權勢上的不同，但在眞正關鍵影響人一生的「思維」上卻沒有不同，甚至窮人家出身的孩子，在「思維」上或許有著更強大的競爭力。

◎不言之教

我從無數大老闆身上觀察發現，人一生當中要賺很多錢，得到很多權勢地位並不難，最難的是可以教出懂得孝順、懂得做人處事的孩子。這是無數豪門家庭很深處、很實際的心聲。

我跟志浩學弟見面時，他個子不高，看得出來是一位很樸素的孩子。但在他的眼神裡，卻透露著堅毅，那種「絕不放手，直到目標到手」的眼神，跟當年的我很像。

「志浩，你未來想要做什麼？」

「我母親很早就走了，父親一個人父兼母職拉拔我們兄弟倆。水泥工的工作非常辛苦，每次看到父親這裡疼那裡痛的，我知道父親不再年輕了，有年紀了，總希望能盡快長大賺錢幫忙家裡。」志浩用很篤定的語氣說：「學長，我想要當醫生。我想要像你一樣，翻轉命運，改善家裡的經濟，想要讓我父親過上好的生活。」

許多父母從小急著讓孩子上各種才藝班，深怕孩子輸在起跑點，要求孩子幹啥都不要耽誤到學業，給他好吃、好穿、好住「供養」著。

其實，一個孩子能否成熟？未來是否能出人頭地、當個孝順、懂事、有用的人，跟這些才藝幾乎沒有因果關係，而是他是否懂得將父母放在心上，懂得將一個家庭的責任承受下來，懂得在長大後心有餘力時，以同理心去幫助需要幫助的人。

當孩子看著父母對待爺爺奶奶並不孝順，卻要求孩子長大後對父母要孝順，可能嗎？

當父母爲了爭產，與兄弟姐妹互相利用、反目成仇，卻要求孩子要愛他們的兄弟姐妹，可能嗎？

當孩子看著父母過著奢侈的生活，卻要求孩子節儉，可能嗎？

當父母滿足孩子所有物質需求、夢想，卻要求孩子努力讀書，當他問父母，我努力讀書長大後也是董事長，不努力讀書長大後也是董事長，我努力要做什麼？做父母的該怎麼回答？

所謂「不言之教」，指的就是由父母的身教，來正向影響孩子的思維，讓他們領悟人生的智慧。

當窮人家的孩子看到父母爲了他們辛苦的工作，自然會有感受、體會，自然會在父母忙碌工作時幫忙照顧弟弟妹妹，因爲他知道這本來就是他應該做的；自然在心裡會想要改變命運讓父母過好日子，自然就會珍惜、努力讀書，因爲他知道，這是他能否翻轉貧窮命運的關鍵、機會。

◉給孩子最重要的人生禮物

能否把孩子教好，跟你能提供孩子什麼等級的物質環境無關，也跟你能提供孩子什麼樣等級的教育環境無關，而在於你所賺的每一分錢都正正當當，在於當你心有餘力不是花在奢華、糜爛的生活而是去幫助別人，在於你是否是一位能讓孩子打從心裡尊敬的父母？

最近新聞常報導，當孩子在學校被老師處罰，家長就直接找立委、議員到學校對校長、老師興師問罪，甚至要求校長、老師當面向孩子道歉！

這眞是用了「很棒」的身教教導孩子，只要有錢有勢就能使喚人，就能瞧不起人，就能讓校長、老師低頭。或許，你在這時刻證明了你很有實力，幫孩子出一口氣，孩子在學校可以走路有風，但這類行爲對於孩子造成的深遠影響，可能會使你的苦心付出的教養「崩盤」！

孩子在成長過程中，如果連最基本的尊師重道都做不到、或者說不需要做到時，你想想看，這孩子長大後，爲何要尊敬你？爲何要孝順你？只是因爲你是他們的「父母」？

所謂「倫理」，就是沒有為什麼，你必須得遵守的規矩。這就是做人最基本的道理，也是人與畜生最大的差異。

當父母帶頭破壞倫理時，如何期盼孩子遵守倫理呢？一個連倫理都不懂的人，縱使台大畢業、哈佛博士，那又如何？

記得那天中午，我跟志浩的父親聊了很久，讓我印象最深刻的一句話：「只要這孩子未來過得比我好，我現在再辛苦都是值得的！這是我一生的盼望！」

我相信，這是無數爲人父母的心聲。

他們只是社會底層的工人，一輩子不可能賺到什麼大錢，能用盡一生體力、歲月養大孩子就已經萬幸。不敢奢望住豪宅、開名車，能偶爾全家人上餐廳吃頓飯，就已經感到開心、滿足了。

在這樣質樸的生活裡，孩子與父母的心能緊緊相連，兄弟姐妹的感情能無私地互相幫忙、扶持。在父母無私奉獻、辛苦努力的身教下，在尊師重道的倫理教育下，孩子懂得最基本做人處事的道理，這遠遠勝過那些「智巧」的才藝。

所謂父慈子孝、兄友弟恭，不正是許多人一生期盼的良善家訓嗎？財富、地位無法真正傳世，只有「家訓」才能傳世」。

教育出有溫度的孩子

這一年的春節假期比較短，年初四就有許多人要趕回台北上班。還好老婆事前訂好從台南回台北的高鐵車票。

只是票眞的不好買，雖然我們買到了兩張，但座位卻無法連號。我的是3車8B，我老婆的是4車10B。座位不連號，對我們帶著一個兩歲半，一個剛滿三個月的兩個孩子，照顧起來眞的很不方便。

所以，從一開始我就打算上車後，懇求旁邊座位的乘客和我們交換座位。扛著大包小包的行李加上帶兩個孩子，好不容易擠進了高鐵車廂，來到我們的座位旁。

3車8A坐的是一位中年大叔，身材微胖，肚子微凸，正在瞇眼睡覺。於是我把目光轉向了3車8C一位穿著時髦，帶著耳機聽音樂的年輕、陽光男大生。

我用極爲客氣的語氣向這位男大生拜託，希望可以跟他換個位置，好讓我們夫妻可以一起照顧兩個孩子。

沒想到，這位男大生用極爲「和藹」的笑臉跟我說：「眞的很不好意思，我的行李已經放好了，很重，可能不太方便換位置耶！」

聽到他這樣的回答，我也不能多說什麼，畢竟很多行李移動起來眞的是很不方便。

這時，中年大叔醒了過來。

「少年仔，你要換位置喔？不然，我跟你換啦。我也是兩個女兒，知道你們的辛苦啦。」說完後，他拿出車票跟我們交換，還幫我們把行李搬到上面的置物架。

眞是感謝老天。

那位中年大叔離去前，和虎妞妞打了聲招呼，臉上那抹微笑，是我很少見到的燦爛光芒。

當我們坐下來忙著照顧兩個孩子時，我用餘光看著旁邊那位年輕男大生。他從頭到尾都帶著耳機，滑著手機，眞是非常專心。

好不容易撐到了桃園，旁邊這位男大生似乎到站了。

我看著他起身，雙手插著口袋，很輕鬆悠閒地走出車廂，出站去了。

我剛開始還沒意識到，但瞬時，我內心突然覺得很「X」，我們被他耍了！

他根本就沒有行李！

人總有不方便的時候，總有求人的時候。當我們可以給別人方便，幫忙別人時，那怕只是一點點小忙，都可以讓這社會看起來更可愛，更有溫度。

◉如何不自私、不虛假

我認爲，一個孩子的品德教育，遠遠勝於學業成績、專業、證照。如果一個孩子連助人的一點善念都沒有，那擁有那麼多光鮮亮麗的外在，有何用？

一個自私的孩子，只關注自己利益的人，所建立的事業會是良心事業嗎？對整體社會有益嗎？

其實，我最驚訝的並不是他不願意幫忙，畢竟他沒有幫忙的「義務」。但讓我感到驚訝的是，他用著極為「虛偽」的笑臉說了一個謊！一個內心多麼冷漠的謊啊！

這很嚴重。是什麼樣的教育，讓孩子變成爭取自身利益時善於偽裝成外在熱情、積極向上的有為青年？當沒有任何好處時，搖身一變，顯現眞實內在冷漠的一面？

古人說的「愼獨」修身，講的就是當一個人沒有任何好處、沒有任何外在利益時，所表現出來的態度。這才是一個人最眞實的內在。所以這種時刻，更是考驗我們品德修養的眞功夫。如果自私、冷漠是這孩子的眞實面，那我們的教育也許有該省思的地方。

長期功利教育的影響下，很容易養成凡事只顧自己利益的態度。用盡心機爭奪別人擁有的一切，或許在資本主義競爭思維中是不可或缺的能力，但對於社會互助、互信、良善發展，卻是嚴重的阻礙。

相信你一定曾經停下腳步幫忙需要幫忙的人，縱使只是扶老太太過馬路、讓位給孕婦媽媽、按著電梯開門鈕等待不便的人進來。還記得當你從別人感謝的言語、眼神中，得到的那種溫暖的感覺嗎？就是這小小的喜悅與成就感，讓社會在這點滴之間產生好的變化。

一個人如果有同理心，願意幫忙別人，願意對弱勢伸出援手，久而久之會相由心生，面相會很圓潤，有著極好的人緣，累積深遠的善緣，就像冬天裡的暖陽，是個有溫度的人。

如果社會多一些這樣的人，那該多好啊……

當你的年紀逐漸增長，社會閱歷愈深，你會遇到愈來愈多很厲害的人。有一天你將突然發現，多年來拚命「偽裝」熱情、積極向上的那一套，再也吃不開了。你內心最「眞實」自私、功利的那一面一眼就會被看穿也將顯露無遺。

沒有人想要交往一個虛僞、功利、自私的朋友，相信包含你自己也一樣。當你捫心自問，自己是這樣的人嗎？或許沒有人會承認。但當你面臨別人需要你伸出援手幫忙時，你的態度將直接、毫無遮掩地反映出你的本性！

一個人的本性是很難用技巧掩飾、包裝的，終有一天會在某個時刻無意間流露，所以想要在人際交往過程中，獲得有實質意義的友情進展，需要學習的並非僞裝的智巧，也不是在眾目睽睽下熱心、積極、幫助別人給大家看，需要的是逐步點滴改變我們的內心，從關注別人利益、幫助身邊需要幫助的人開始。

我希望有一天，學校的正規教育能更關注到「溫度教育」，讓孩子擁有愛心、同理心、正義感、寬恕等人格特質如同基礎學術科目一樣重視，成爲學校必修課程的一部分。

我相信，這不只是一種理想化的呼籲，而是讓我們社會變得更好、每個人過得更幸福快樂的必要條件。

◉有溫度的孩子更快樂

許多父母焦慮孩子從小競爭力不足，給予各種資源，訓練孩子的競爭力，上各種才藝班，害怕孩子從小輸在起跑點，也擔心他們在各項競賽、考試失敗。他們將爭取、維護自己權益視爲首要的教育任務，最後卻導致孩子任何事情第一個想到的便是自己，深怕吃虧，這樣的孩子長大後縱使有能力，也只是「自私的競爭力」。

相反地，如果從小讓孩子從關懷他人與付出中獲得發自內心的喜悅，孩子會記得這樣純淨的快樂。他們會發現，這樣的喜悅遠勝於爭奪後的勝利，這樣喜悅是來自自己內心深處，不是建立在別人權益的犧牲或失敗上。這樣的孩子懂得關懷別人，爲弱勢付出，是個有「溫度」的孩子。多一點這樣的孩子，我們的社會一定能變得更好。

從這個角度來講，讓孩子從小去參與海灘撿垃圾、去養老院陪伴老人、去參與義賣活動等志工服務，遠比急著學習外語、才藝來得重要許多。

教育，應該讓孩子成為一位有溫度的人，讓這社會美一些、可愛一些。

做人生中的鹽

阿母當年去世後，因爲她嘴裡內側有一塊大約五公分立方的腫瘤，必須仰賴「遺體美容師」將遺體大大「修整」一番。

當時，我知道這是一項很難的挑戰。因爲那顆腫瘤長在嘴裡內側，已經緊黏著臉頰，只剩一層很薄的臉皮沒有被穿透，如果用刀子直接劃開，就會破壞臉頰而影響母親的遺容。

「許先生，請您放心。將您母親的大體交給我，我會把她當成自己的母親一樣，我會盡全力讓您母親保有最後的莊嚴。」這位美容師叫做婧雲，是一位不到三十歲的年輕女孩，個子不高，綁著俐落的馬尾，做這行已經有七、八年的經驗了。

因爲家裡從事殯葬禮儀工作，婧雲從小耳濡目染，看過無數死別的場面。

她說：「無論你再有錢，人一走，兩腿一伸，都是躺在棺材裡。人生何必計較太多呢？」早熟的她，顯得看淡人生許多功利追求。

在高職念書時，她學的是美容美髮。回到家裡，自然就從她「上手」的幫忙。只是「對象」從原本會動的，改為不會動的「大體」。

問她怕不怕，她說：「從我懂事以來，就是看著大體長大的。」

她說，原本只是幫忙家裡，後來發現自己很喜歡幫忙往生者把大體好好清洗、化妝、美容好，讓他們莊嚴地走完人生最後一程，她覺得很有成就感，又可以積陰德，所以她就認定這是自己一生的志業。

七、八年經驗的累積加上她的努力及天賦，婧雲已經是這行的佼佼者。

經過十幾個小時後，禮儀公司通知我們可以進去看我母親的大體。

當我看到時，我跟姊姊們都愣住了！

母親非常平靜安詳地躺在台子上，彷彿只是睡著了。嘴裡的腫瘤不見了，臉上一點痕跡都看不出來。姊姊們都紅了眼眶，我上前去將婧雲的手緊緊握住，感謝再感謝。

我問她如何辦到？

「主要的時間都花在處理那顆腫瘤，確實很棘手。最後我選擇一小小塊一小小塊從您母親的嘴裡將腫瘤切下，不破壞臉頰的外觀，這樣雖然極爲耗時，但卻能完整保留您母親的遺容。」婧雲面露疲憊微笑地說。

這一刻，在我心中，對婧雲有著非常深的感激。她的工作讓我打從內心深處肅然起敬，雖然她年紀很輕，卻贏得我們全家人的敬重。

◎認識自己，活出自己的成功

有些法羽幫的孩子問我：「老師，我書念得不好，又沒有特殊天賦，創業做生意也不懂，我該怎麼辦？我的人生很失敗嗎？」

我看過無數人自以爲可以建立一番豐功偉業，最後卻一敗塗地，終生鬱鬱寡歡。

有一隻雞，非常羨慕天上飛的老鷹。牠聽人家說，只要夠努力、只要堅持，就一定能變成翱翔天際的老鷹。過去有無數成功的例子，你要相信自己一定能辦到，一定會成功！

所以這隻雞每天勤奮地練習「飛翔」，牠以無數的勵志故事當精神糧食，在一次次挫敗中站起來，繼續努力學習「飛翔」。但我相信，這隻雞在牠有限的生命裡，還是飛不起來。

牠沒有做錯什麼，牠沒有不努力，牠更沒有失敗！

因爲一隻雞飛不起來，本來就不是牠的錯！

牠唯一錯的地方，就在不應該想成爲一隻老鷹，更不應該將一生珍貴的生命，全部投入根本不可能變成的老鷹！

在這社會裡，不斷鼓吹每個人要努力追求成功。彷彿沒有做大事、賺大錢，沒有年收入千萬，就是不努力、沒出息，是人生的失敗者。

其實，眞正成功的人非常非常非常少。絕大多數是「一將功成萬骨枯」的那個「枯骨」！

況且，做大事、賺大錢、住豪宅、開名車，就是成功嗎？你必須自己定義什麼叫做「成功」。

人在世上，最難的就是「認識自己」。不嫉妒、羨慕別人，不強求不該屬於自己的一切。人只有「認分」，才能眞正把自己的工作做好、做妥善。有著這樣覺悟的人，是非常不容易的，而且是非常有智慧的。

我們絕大多數都是平凡人，不是每個人都能創立龐大的企業，成爲改變世界的人。也許我們的一生都只是在某個工作崗位上努力、付出。

「你們是世上的鹽。」

——〈馬太福音〉

「我們要做世上的鹽，去積極地服務社會，使世人得福。一個人只要能向大眾提供寬敞的街道、舒適的住宅、優雅的學校、莊嚴的教堂、眞誠的訓誡、眞心的幸福，只要他能得到當地居民的感謝，無論他到哪裡，都是偉大的。但如果他不被當地居民所感謝，那麼不管他到地球的哪個角落，都不會是偉大的人物。」

——洛克斐勒

我常鼓勵孩子們，期許自己當「人生中的鹽」。不是每個人都能當牛肉麵裡的牛肉、麵條等主角，但一碗麵沒有鹽，能吃嗎？縱使我們看不見鹽，但卻依然能感受它平凡、低調、偉大的貢獻。

你可以想像一個國家三個月沒有總統，但你能想像、忍受你家整整三個月沒有倒垃圾嗎？這樣你就知道每天默默爲社會大眾服務的清潔隊員，有多麼重要。遠比總統重要！

我只是一介平凡的作家，雖然沒有創立很大的企業，但我每天努力用心創作文字。可以幫助無數人、影響無數人，讓我心裡感覺很踏實。我並不羨慕別人擁有的豐功偉業，只要我把自己定位清楚，把自己的責任履行妥善，我就能感受到自己的存在，對於社會是有意義的、有價值的。

◉找到自己的生命價值

好好安分當個平凡人，認清自己的定位與責任。努力找出自己工作的價值，對你所從事的工作感到驕傲。不要用金錢、薪水來衡量一個人的價值，社會上每個工作崗位都必須要有人做，才能維持運轉與平衡。我們應該教育孩子，懂得對那些爲社會默默付出的人表達尊敬之意，這是社會能夠眞正向上的力量。

無論你是大公司的老闆、白領，或是夜市攤販，還是建築工人，無論你是在高級餐館用餐，還是在烈日下蹲坐樹蔭旁吃著便當，只要你心裡有個努力的對象，例如父母、妻子，孩子，你就是快樂、幸福的。你每一天都懷著希望，辛苦卻踏實地度過。

只要爲你自己、家庭、孩子努力負責，有份正當的工作，爲這社會運轉盡一份力。心有餘力時，幫助別人，縱使幫老婆婆買玉蘭花也很棒。

只要你自己知道，自己在社會中某個工作崗位上努力，你就已經證明自己是一個有用的人。縱使你一生只做一件事，只要這件事對社會有價值，只要你能專注把這件事情做好，你已經在自己的人生中證明成功。

「毋須做成功之士，寧做有價值的人。」

——愛因斯坦

慈悲助人是我們的本性

「阿母，您想要回家嗎？」

「免啦，我在醫院住得好好的，不用回家啦。」阿母臉上帶著虛弱的微笑說著。

這是我印象裡最後與阿母生前的對話。後來阿母就在安寧病房中，沉沉睡去。

台灣人的習俗中，如果老人家要往生，通常會希望回到家裡。在家人的陪伴下臨終，或許是一種「歸根」的感受。

二〇〇九年夏天，我母親在台大醫院病逝。在人生的最後一段路，她沒有選擇回到家裡臨終。關於這個問題，當時我心裡並沒有答案。

直到喪禮圓滿舉辦完後，姊姊們才跟我透露阿母生前跟他們講的話：「阿源好不容易才買了這間厝，如果我在家裡走了，會給他帶來不吉利……」

聽完這段話，我鼻頭一酸，淚滿盈眶。

原來，這是阿母留給我最後的「慈悲」。

這就是母親。就算要離開人世的最後一刻，心裡牽掛的依然是孩子，依然是處處爲孩子著想。

◎因為愛，為母則強

世界級名廚江振誠先生曾說過，他一生吃遍世界上無數的頂級食材與料理，縱使他的廚藝已經深獲世界肯定，但在他心中，母親親手燒的菜，依舊是他一生永遠無法超越的味道。

我相信，這是無數人共同的心聲，包含我自己。

我們對於母親有著很深的依戀。在母親身上，我們感受到慈愛、溫暖、安全感，一種超越利益、毫無保留、無私的愛。

一個女人從懷孕到生產的過程，要承受極大的艱辛、痛苦。醫學研究證明，女人生產的疼痛指數是人類能夠忍受的最大、最後極限。

但爲了孩子，爲了一個偉大的新生命，女人願意去吃苦。因爲她知道這個苦是有意義的、是慈悲的。

孩子出生後毫無獨自生存的能力，必須仰賴母親二十四小時無時無刻的照顧及呵護。當過媽的都知道，當孩子「拚命」吸吮乳頭時，是非常疼痛的。但看著孩子吸吮到乳汁的滿足笑容，再疼痛也願意忍耐，這是母親偉大的忍耐力。

在半夜裡，無論母親睡得多熟，只要孩子有任何一絲哭聲，都能牽動母親的心神去滿足一切孩子的需要。只要看見孩子天眞無邪的笑容，就能讓母親深感一切努力及付出都値得。

在這個階段，母親與孩子緊緊相依，母親對於孩子的一切情緒都是同悲同喜。孩子只要一遠離母親就會放聲大哭，這樣緊密的依存關係，就是「母子連心」的道理。

母親深刻理解自己與孩子的生命是連結且相互依存的，她能夠跨越狹隘的自我利益，也因爲如此，母親往往能從對孩子的愛中，找到人生的意義、使命、滿足感。

想要滿足孩子的所有需求、想要孩子遠離病痛侵擾、想要孩子幸福快樂，甚至願意犧牲自己來實現這一切，因爲母親知道孩子非常非常需要她。這樣的「決心」及「被需要感」，讓她爲孩子犧牲時從不感到辛苦、失落。因爲愛，驚人的勇氣足以讓一個平凡的「女人」蛻變爲偉大的「母親」，這就是「爲母則強」！

無論我們聰明或不聰明、強壯或虛弱、優秀或平庸，甚至健康或殘疾，母親對我們的愛依然堅定不移。無論我們是一個怎麼樣的人，犯了什麼錯，母親都有著極爲強大的包容力。她永遠守護著家，等著我們回來。無論發生什麼事情，我們永遠是她的孩子，她永遠無條件地接受我們、包容我們。

◎母親的名字，就叫慈悲

和母親相處時，你會感覺到自在、沒有壓力，有時還會做一些放肆、調皮的行爲，母親的「寬恕」與「包容」是奠基於「愛」上。

母親會願意付出全部的自己，用自己的一生守護她們的孩子，孩子們也可以感受得到這份母愛。所以，母愛也是每個人一生最珍貴的禮物。

母親或許因爲付出，而沒有「事業成就」，但卻擁有他人難以獲得的「人生成就」。母親從沒有期盼從我們身上獲得什麼，最後卻能獲得最多。她獲得我們全部的「愛」。

當上帝很忙時，創造了「母親」這個角色來照顧我們。母親的名字叫做「慈悲」。

「慈悲」，不是偉大人格者獨有的人格價值。相反地，我認爲「慈悲」是我們都擁有的「本性」。

打從我們出生那一刻起，我們就從吸吮母親奶頭的過程，從母親的身上接受了「慈悲」本性的種子。

當我們看著人們遭遇地震、水災等災難、看著一個育幼院的孩子需要簡單文具讀書及冬天禦寒的衣物、看著單親母親背著小女孩在寒冷的冬夜裡賣著烤地瓜，我們心裡會對他們遭受的苦難產生感同身受的「同理心」，內心會湧現一股衝動，想要幫助他們、減輕他們的苦難。

這是我們的本性，你我都能做到。

◉慈悲，是減輕他人苦難的那份決心

在我個人經驗裡，當我試著融入與分擔許多人遭遇的傷痛後，見識過的苦難增多，也讓我逐漸洞察許多人生的本質問題。這讓我對於未來不可測的人生難題有著更大的「忍耐力」及「心理準備」。特別是，當我看著他們能夠在如此重大的困難中重新站起來，連我自己都深受感動，也讓我在面對自己的人生難題時，有更強大的勇氣。

當我願意幫助別人減輕苦難、解決他們的問題，我發現，一次次的歷練讓我不斷增加「解決問題的能力」。我能夠幫助的人愈來愈多、範圍愈來愈廣，這樣的良性循環讓我從一個不經世事的年輕人「蛻變」爲一個成熟、有勇氣的大人，這跟「爲母則強」的道理相同。

所以我常跟法羽幫的孩子們說，只要你願意從小事做起，禮讓博愛座、不爭搶捷運博愛電梯、扶老太太過馬路，你會驚訝的發現，原來如此微小的事情就能讓我們的心暖上好一會，不僅心情光亮了起來，一股幸福感更是湧上心頭。

你會愛上這種神奇的感覺，你會更願意幫忙別人，你會在不經意中獲得好緣分，並踏上成功的道路。

任何一位母親，都是從孩子的幸福快樂中獲得反饋的成就感與幸福感。這種反饋無關利益，是一種很純淨的幸福感受。

當我將這樣的思維教導給法羽幫的孩子們，並鼓勵他們運用在人際交往上，他們往往會獲得非常大的反饋與成就。他們會發現，原來「幫助別人」就是「幫助自己」。

◉當個快樂有大心的人

當我將別人的幸福快樂視爲我獲得幸福快樂的來源，就會逐漸地與他人建立深厚的「依存關係」，一種自在、無壓力、緊緊依靠的眞實感受。

只要你仔細觀察，你會發現，我們生活中的一切都是來自無數人給予我們的仁慈。我們應該學著感恩，只要我們有能力仁慈待人、給予他人幫助，就是一種幸福。

仁慈助人其實無須學習，這是我們源自母親的慈悲本性。只要我們願意遵

從內心深處「同理心」的聲音與衝動，就能驅動我們對別人伸出援手。

我們會從幫助別人的過程中，獲得長久穩固的幸福感。這是建立深厚人際關係的本質與關鍵。

現在我終於明白，原來「慈悲」是阿母留給我最後的人生禮物。

佛陀曾說過，一個擁有「慈悲心」的人，會擁有這些優點：

一、你會安然入睡。
二、你會容易甦醒。
三、你會有甜美的夢。
四、你會受人愛戴。
五、天神和動物都會愛你。
六、天神會保佑你。
七、外在的危險，包含毒藥、武器、烈火，不能傷你。

八、你會容光煥發。
九、你會心境澄明。
十、臨死之際一無所惑。
十一、你會重生於極樂世界。

Eurasian Publishing Group
圓神出版事業機構
用心與你對話．網野無限寬廣
方智出版社
Fine Press

http://www.booklife.com.tw reader@mail.eurasian.com.tw

自信人生 126

被支持的力量：最堅實溫暖的人脈力

作　　者／許峰源
發 行 人／簡志忠
出 版 者／方智出版社股份有限公司
地　　址／台北市南京東路四段50號6樓之1
電　　話／（02）2579-6600．2579-8800．2570-3939
傳　　真／（02）2579-0338．2577-3220．2570-3636
郵撥帳號／13633081　方智出版社股份有限公司
總 編 輯／陳秋月
資深主編／賴良珠
責任編輯／林宜佳
美術編輯／金益健
行銷企畫／吳幸芳．陳姵蒨
印務統籌／劉鳳剛．高榮祥
監　　印／高榮祥
校　　對／賴良珠
排　　版／陳采淇
經 銷 商／叩應股份有限公司
法律顧問／圓神出版事業機構法律顧問　蕭雄淋律師
印　　刷／祥峯印刷廠
2015年6月　初版
2024年6月　19刷

定價260元　ISBN 978-986-175-394-2

你本來就應該得到生命所必須給你的一切美好！
祕密，就是過去、現在和未來的一切解答。

——《The Secret 祕密》

◆ **很喜歡這本書，很想要分享**

圓神書活網線上提供團購優惠，
或洽讀者服務部 02-2579-6600。

◆ **美好生活的提案家，期待為您服務**

圓神書活網 www.Booklife.com.tw
非會員歡迎體驗優惠，會員獨享累計福利！

國家圖書館出版品預行編目資料

被支持的力量：最堅實溫暖的人脈力／許峰源 著.
-- 初版. -- 臺北市：方智，2015.06
240面；14.8×20.8公分. --（自信人生；126）
ISBN 978-986-175-394-2（平裝）
1.成功法

177.2 104006927